핵심경험론

核 心 經 驗 論

우리 브랜드만의 경험과 기억을 만드는 일

핵심경험론

전우성 지음

더퀘스트

프롤로그

브랜딩, 우리만의 경험과 기억을 만드는 일

당신은 오늘 아침 어떤 브랜드와 함께 하루를 시작했나요? '브랜드'라고 하니 좀 거창하게 들릴 수도 있겠네요. 질문을 바꿔보겠습니다. 아침에 눈을 떠서 가장 먼저 손에 쥔 그 물건의 로고는 무엇인가요? 샤워할 때 쓴 샴푸와 바디워시는 어떤 제품인가요? 갈아입은 옷의 라벨은 어떤 건가요? 스마트폰을 켤 때 처음 열리는 앱은 무엇이고요? 그것들은 당신의 일상을 채우는 브랜드와 제품이겠죠.

잘 인식하지 못하고 살지만 세상은 브랜드로 가득 차 있습니다. 우리는 그 브랜드와 함께 시간을 보내죠. 그리고 어떤 브랜드는 우리에게 좀 더 특별한 감정을 불러일으키기도 합니다. 왜 그럴까요? 이유는 간단합니다. 그 브랜드가 우리에게 준 경험이나 인상이 머릿속 한 부분에 자리 잡았기 때문입니다. 그리고 이것은 단순히 제품의 품질이나 가격 때문이 아니라 경험과 감정에 따라 달라지기도 합니다.

많은 분이 브랜딩을 어떻게 해야 하는지 묻습니다. 복잡하기도 하고 모호하다고도 이야기하는데요. 어쩌면 브랜딩은 "왜 사람들이 우리 브랜드를 기억해야 할까요?"라는 질문으로 시작된다고 볼 수 있습니다. 간단해 보이지만 굉장히 어려운 질문이기도 합니다. 이 질문에 답할 수 없다면 그 브랜드는 쉽게 잊히는 이름 중 하나로 남게 될지도 모릅니다.

하지만 이 질문에 제대로 답할 수 있다면 상황은 달라집니다. 고유한 이미지를 가지면서도 자신만의 특별한 개성을 보유한 하나의 상징으로 자리 잡을 수 있습니다. 정체성을 갖게 되는 것이죠. 그렇게 되면 그 브랜드는 단순히 제품으로서의 목적을 충족하기 위해 구매하는 차원을 넘어서게 됩니다. 소비자에게 복합적인 경험을 선사하며 '뭔가 다른' 브랜드로 기억 속에 자리 잡게 되고요.

이렇게 하기 위해서 무엇이 필요할까요? 저는 브랜드의 '핵심경험'을 깊이 고민하라고 이야기합니다. 핵심경험이란 우리 브랜드가 소비자에게 반드시 제공해야 하는 경험, 다시 말해 소비자가 우리 브랜드에게서 반드시 느껴야 하는 경험을 말하는데요. 이 책을 쓰게 된 배경이 바로 이것입니다. 많은 기업의 담당자나 대표님들과 얘기하다 보면 단지 어떻게 현시대의 트렌드에 편승할 수 있을지, 어떻게 하면 시각적으로 멋져 보일지를 먼저 생각한다는 느낌이 종종 들었기 때문입니다. 물론 그것도 중요하죠. 하지만 그 모든 것에 앞서 고객에게 어떤 경험을 전달할지 고민해야 합니다.

이 책은 크게 네 가지 파트로 구성되어 있습니다. 첫 번째 파트에서는 브랜딩에 대한 전반적인 이야기를 합니다. 시대가 변하고 기술이 발전하면서 사람들이 뭔가를 선택하는 기준이 움직이고 있는데요. 그 기준을 맞추기 위해 여러 기업이 효율 위주의 마케팅 플레이를 하기도 합니다. 그런 여러 상황들을 살피면서 우리가 브랜딩과 마케팅을 어떻게 바라봐야 하는지 전달합니다.

두 번째 파트에서는 본격적으로 핵심경험에 대해 이야기합니다. 브랜드가 어떤 경험을 소비자에게 제공할 것인지를 설계하는 데 필요한 관점과 방법을 설명하는데요. 제가 직접 참여했거나 주목하는 브랜드의 사례를 통해서 그들의 핵심경험을 정의하고 그것을 브랜드 활용에 어떤 식으로 접목했는지 살펴봅니다.

세 번째 파트에는 가상의 브랜드 사례들을 다루고 있습니다. 다양한 분야의 브랜드 이야기를 통해서 실제로 자신이 몸담고 있는 기업의 문제를 고민해봤으면 하는 생각에 핵심경험을 중심으로 시장 차별화 전략을 전개하는 등의 내용을 살펴봅니다.

마지막으로는 브랜딩을 설계하는 마케터나 디렉터들에게 하고 싶은 이야기를 담았습니다. 길을 찾고 있는 누군가에게 작은 도움이 되고자 하는 마음으로요.

저는 브랜딩의 정답을 제시하고자 이 책을 쓴 게 아닙니다. 소비자와 기능적·감성적 관계를 맺고 기억에 남는 경험을 설계하는 일이니 공식이 있을 리 없죠. 이는 사람에 따라, 시대에 따라, 상황에 따라 달라집니다. 그렇지만 그것을 위해서 반드시 고민을 해봐야 하는 지점들은 존재합니다.

  오랜 시간 브랜딩을 고민하고 또 실행해온 사람으로서 여러분이 이 책을 통해 브랜딩이라는 여정의 한 걸음을 잘 내디딜 수 있기를 바랍니다. 여러분의 브랜드가 소비자의 마음속에 의미 있는 경험과 기억으로 자리 잡는 데 이 책이 조금이라도 도움이 될 수 있다면 저로선 더 바랄 나위가 없을 것 같습니다.

2025년 봄의 시작에

브랜딩 디렉터 전우성 드림

차례

프롤로그 브랜딩, 우리만의 경험과 기억을 만드는 일   4

파트 1.
다시, 브랜딩의 시대

01. 브랜딩의 귀환   14
02. 소비자는 무엇을 기준으로 제품을 구입할까   20
03. 브랜딩을 한 문장으로 정의한다면   32
04. 브랜딩과 마케팅의 차이, 그리고 각각의 역할   36
05. 잘한 브랜딩은 어떤 효과를 가져다줄까   46
06. 브랜딩에 앞서 짚어야 하는 여섯 가지 질문   59

파트 2.
핵심경험에 대하여

01. 핵심경험이란   75
02. 기능적 핵심경험   77
03. 기능적 핵심경험을 찾는 실마리   93

04. 감성적 핵심경험	97
05. 감성적 핵심경험을 찾는 실마리	119

파트 3.
핵심경험을 통한 브랜딩 전개

01. 리빙 브랜드 A	125
02. 키친웨어 브랜드 B	137
03. 리빙 브랜드 C	146
04. 향수 브랜드 D	158
05. 맥주 브랜드 E	169
06. 액셀러레이터 브랜드 F	183

파트 4.
핵심경험을 확산시키는 데 필요한 것들

01. 핵심경험을 전달할 때 기억해야 하는 것	197
02. 브랜딩을 하는 사람에게 필요한 태도	211

에필로그 이 책의 여정을 마치며 223

파트 1

·

다시,
브랜딩의 시대

핵심경험.

단 네 글자로 이루어진 단어지만, 이 개념을 제대로 이해하기 위해서는 먼저 짚고 넘어가야 할 지점들이 있습니다. 파트 1에서는 여러분이 핵심경험을 찾기 전, 브랜딩에 대해 깊이 고민해야 할 필수적인 포인트들을 다룹니다.

브랜딩의 긴 여정을 시작하는 데 있어, 그 본질을 이해하는 과정이야말로 가장 중요한 첫걸음이기 때문입니다.

자, 그럼 천천히, 하지만 확실하게 시작해 보겠습니다.

01. ──────────── 브랜딩의 귀환

'브랜딩의 귀환'이라는 타이틀, 너무 거창하다고 느껴지시나요? 하지만 현장에 있는 저는 이 표현이 제일 먼저 떠오를 만큼, 브랜딩에 대한 대중의 관심이 뜨겁다는 것을 피부로 느끼고 있습니다. '시대 담론'이라고까지 할 정도로 곳곳에서 많은 이들이 이 주제를 놓고 진지하게 이야기를 나누곤 합니다.

사회의 트렌드를 거의 실시간으로 반영하는 서적 출간 경향만 봐도 이 사실을 확인할 수 있습니다. 저는 서점에 가면 습관적으로 경제·경영 코너로 향하는데요, 갈 때마다 새로 나온 브랜딩 관련 서적들을 쭉 훑어보곤 합니다. 제가 브랜딩이란 단어를 접하고 이 업에 발을 들인 지도 벌써 20년이 훌쩍 넘었는데요. 당시에는 참고할 만한 자료가 많지 않았습니다.

특히 책으로는 케빈 로버츠Kevin Roberts가 쓴 《러브마크Lovemarks》나 데이비드 아커David A. Aaker가 쓴 《데이비드 아커의 브랜드 경영Building Strong Brands》 같은 번역본이 종종 있었지만, 국내 저자들의 책은 거의 없었어요. 그런 면에서 최근 다양한 책이 출간된다는 건 참 기쁘고 반가운 변화가 아닐 수 없습니다.

저는 두 권의 브랜딩 책을 썼는데 둘 다 베스트셀러에 오른 것도 어찌 보면 이런 시대상을 반영했다고 볼 수 있고요. 책뿐만 아니라 다양한 기업의 대표님들이 제게 컨설팅을 요청하시거나 기관, 단체, 학교 등에서 강연 요청을 주시는 것도 '브랜딩'이라는 단어의 몸값을 확실히 보여주는 방증이라고 생각합니다.

변화하는 마케팅 환경

브랜딩에 이토록 관심이 쏠리는 이유가 뭘까요? 사실 수많은 문화적·사회적 요소가 복합적으로 작용했기에 어느 하나를 정답이라고 말할 순 없을 것 같습니다. 하지만 어느 날 지인과의 식사 자리에서 다음과 같은 이야기를 들었어요. 한때 효율만을 중시하는 마케팅이 성했던 적이 있습니다(물론 여전히 그것은 유효하며 한편으로 중요합니다). 마케팅의 주 매체는 우리가 매일 사용하는 소셜미디어였는데요. 이 마케팅은 어느 정도 효율이 좋았고, 즉각적인 매출이 발생되기도 했습니다. 그 효과를 확인한 기업들이 소셜미디어를 통한 세일즈 마케팅에 뛰어들기 시작했죠. 실제로 이윤을 올린 기업들도 상당히 많았습니다.

하지만 그럴수록 문제도 발생했는데요. 즉각적으로 눈에 보이는 효과가 있는 광고이기에 너도나도 이 방식을 택하게 되었고, 소비자들은 수없이 많은 광고 화면을 마주하게 됩니다. 그럴수록 소비자들은 무분별한 마케팅에 지쳐갔고 클릭을 멈추게 되었죠. 이로 인해 예전만큼 광고에 반응하지 않다 보니 소셜미디어 마케팅은 효율이 점점 감소했습니다. 생각해보면 저 역시 소셜미디어에서 보이는 수많은 광고에 피로감을 느꼈고, 클릭해보기는커녕 저도 모르게 눈살이 찌푸려졌던 것 같습니다.

《보랏빛 소가 온다》라는 책으로 유명한 미국의 마케팅 구루 세스 고딘$^{Seth\ Godin}$은 과거 한 국내 매체와의 인터뷰에서 다음과 같은 이야기를 했습니다.

소비자에게 선택권이 없거나 적었던 시절에는 기업이 물건을 사라고 유인하고 계약서에 도장을 찍으라고 압박하거나 종용할 수 있었다. 하지만 이제 소비자들은 대부분 시장에서 무한한 선택지와 끝없는 대안을 손에 쥐었다. 이 상태에서 이전처럼 일방적 또는 주입식으로 '이 제품을 사라'고 강요하면 어떤 결과가 나타날까? 세상에 시끄러운 소리가 많아지면 사람들은 귀를 막는다.

당장의 효율과 연결된다고 생각했던 세일즈 마케팅은 대개 일방적이고 주입식으로 자사 제품을 사라고 소비자를 설득하는 방식과 같았습니다. 이목을 끌기 위한 과장된 광고 문구와 이미지가 넘쳐났고, 무분별한 할인 이벤트가 일상이 되다시피 했죠. 하지만 세스 고딘의 말처럼, 사람들은 세상에 시끄러운 소리가 많아지면 귀를 막는 법입니다. 그러니 기업들이 그렇게 관심을 가졌던 즉각적인 효율이 떨어질 수밖에 없었죠.

상황이 여기에 이르렀다는 점을 많은 기업이 이미 인지하고 있었을 겁니다. 대부분 기업의 목적은 이윤 창출이죠. 그래서 하나의 길이 막히면 자연스럽게 다른 길을 찾습니다. 저는 이런 연유로 기업들이 브랜딩에 예전보다 더 관심을 갖기 시작했다고 봅니다. 브랜딩의 개념과 정의에 대해서는 기업마다 생각하는 바가 조금씩 다를 수 있지만, 결국 기업은 소비자들의 귀를 다시 열어야 하기 때문입니다.

퍼스널 브랜딩의 확산

브랜딩은 어느새 기업의 영역을 넘어 개인들에게까지 확산됐습니다. 예를 들어 젊은 층을 중심으로 '퍼스널 브랜딩personal branding'이라는 개념이 거의 일상화됐죠. 제 주변에도 퍼스널 브랜딩을 고민하는 사람들이 아주 많습니다. "퍼스널 브랜딩을 하고 싶은데, 어떻게 해야 하고 제일 중요한 것은 무엇인가요?" 강연을 가도 꼭 한두 명은 이런 질문을 하고, 심지어 제가 다니는 피트니스 센터의 트레이너분도 대화 중 퍼스널 브랜딩 얘기를 하더군요.

퍼스널 브랜딩은 간혹 당장의 수익 만들기나 팔로워 늘리기와 같은 잘못된 방향으로 인식되는 경향이 있습니다. 그럼에도 퍼스널 브랜딩이 '브랜딩' 키워드에 대한 대중의 관심도를 올리는 데 큰 역할을 했다는 것에는 이견이 없습니다.

02. ─────── 소비자는 무엇을 기준으로
제품을 구입할까

그럼 브랜딩이란 무엇일까요? 어떻게 정의해야 하고, 어떤 목적을 가지고 진행해야 할까요? 우선 이 점을 명확히 해야 합니다. 그래야 브랜딩을 잘할 수 있을 테니까요. 그러려면 소비가 이뤄지는 순간을 들여다봐야 합니다.

저는 우리가 물건을 사는 행위를 크게 두 가지로 나눌 수 있다고 보는데요. 칼로 무 자르듯 딱 나눠서 '이것 아니면 저것'이라고 할 수는 없지만, 크게 목적구매와 가치소비로 구분할 수 있습니다.

가격과 퀄리티가 기준이 되는 목적구매

목적구매란, 말 그대로 물건을 사는 행위에 특정한 목적이 있는 것을 말합니다. 물건을 살 때는 모두 목적이 있지 않냐고요? 물론 그렇습니다. 하지만 여기서 얘기하는 목적은 조금 달라요. 바로 뚜렷한 이유, 즉 분명한 필요성을 가리킵니다.

'하늘하늘한 원피스를 사고 싶어'라거나 '저 파란색 운동화 예쁘네. 하나 살까?'처럼 취향에 따른 선택적인 구매가 아니라, '올겨울은 유난히 추워. 지금 가진 코트로는 어림도 없으니 더 두꺼운 걸 장만해야겠어', '휴가지를 해변이 있는 리조트로 결정했는데 수영복이 없으니 이참에 하나 사야겠구나'처럼 명확한 목적이 있어서 구매하는 행위를 말합니다. 목적구매는 대개 의식주와 직접적으로 연결되어 있다고 생각하는데요. 추우면 옷을 사고, 배가 고프면 먹을 것을 사고, 거주할 곳이 필요해 집을 사는 것 등이죠.

목적구매는 어쩌면 자본주의 시장이 형성된 이후 늘어났는지도 모릅니다. 물론 그 전에도 목적구매를 중심으로 생산자와 소비자 간의 거래는 꾸준히 이뤄졌지만, 자본주의 사회가 도래하면서 생산자가 기업의 형태로 물건을 생산하고 소비자가 화폐를 내고 구매하는 시장이 형성됐죠. 이때부터 기업은 공장을 세워 사람들이 필요로 하는, 즉 사람들의 당장의 필요에 초점을 맞춘 상품을 본격적으로 제조했습니다. 그러니 초기 자본주의 시장에서는 목적구매를 위한 제품이 주를 이뤘다고 봐도 과언이 아닐 겁니다.

우리나라만 보더라도 산업화 초창기에 기업들이 만들어서 판매한 제품은 대부분 의식주와 밀접한 것이었습니다. 현재 우리나라 기업의 양대 산맥이라고 할 수 있는 삼성과 현대도 예외가 아닙니다. 삼성은 삼성상회라는 이름으로 출발해 밀가루와 청과 등 식료품을 판매했고 그 후신으로 삼성물산과 제일제당이 세워졌죠. 현대는 현대토건사라는 회사로 시작하여 한국전쟁 이후 제반 시설을 재건하면서 성장했다고 합니다. 두 기업 모두 지금은 무척 다양한 분야에서 사업을 영위하고 있는데, 초반에 목적구매로 이윤을 쌓으면서 발판을 마련했다고 볼 수 있습니다.

이런 상품을 잘 들여다보면, 목적구매를 발생시키는 두 가지 기준을 발견할 수 있습니다. 바로 가격과 퀄리티입니다. 예를 들어 밥을 짓기 위해서 쌀이 필요하다고 해보죠. 우리는 어떤 쌀을 살까요? 퀄리티가 비슷한데 가격에 차이가 난다면 조금이라도 싼 가격의 쌀을 선택할 테고, 가격이 조금 비싸긴 한데 맛이나 쌀의 도정 상태 등 퀄리티가 월등히 좋다면 그 쌀을 선택하겠죠. 즉 목적구매에서는 결국 가격과 퀄리티를 저울질하면서 구매를 결정한다는 얘기입니다. 이런 예는 무궁무진하게 생각해낼 수 있습니다.

같은 가격인데 퀄리티가 나은 제품은 가성비가 좋다고 얘기하고, 퀄리티와 별개로 가격이 비교적 저렴한 제품은 가격경쟁력이 좋다고 표현하기도 하죠. 바로, 여기에도 목적구매의 기준이 반영된 것이라 생각합니다. 기업들도 이를 잘 알기에 소비자의 선택을 받기 위해 더 좋은 퀄리티의 제품을 만들어 더욱 저렴한 가격에 공급하고자 노력합니다.

하지만 그러한 과정을 거치는 동안 한 가지 문제가 발생했습니다. 바로 기술의 발전으로 퀄리티가 어느 정도 상향 평준화가 된 것입니다. 대부분 사람이 매일 사용하는 화장품을 한번 볼까요? 저는 이제 다른 곳에 비해 월등히 좋은 성분의 화장품이 나오기는 쉽지 않다고 생각하는데요. 화장품 시장의 태동기, 즉 기업이 화장품을 생산해 판매하기 시작한 초기 시장에서는 제조사의 기술력이 경쟁력이었을지 모릅니다. 화장품 제조사도 당시에는 몇 곳 되지 않았을 테고요. 하지만 시간이 지나면서 화장품 생산 기술이 점점 발전해 이제는 'K-뷰티'라는 수식어를 붙일 만큼 제품력이 굉장히 상향 평준화됐어요.

상향 평준화는 비단 화장품만이 아니라 오늘날 우리가 접하는 대부분의 제품에서 확인할 수 있습니다. 특별한 기술을 요구하는 선도적인 제품 또는 단지 가격 경쟁력에만 초점을 두고 의도적으로 퀄리티를 덜 중시하는 저가 제품도 여전히 있습니다. 하지만 이것을 제외한 대부분의 소비재 시장이 그렇다는 것이죠. 웬만하면 제품 자체는 잘 만듭니다. 그래야 소비자의 기본적인 니즈를 채울 수 있기 때문입니다. 혹여나 특정 회사 제품의 기능이 다른 제품보다 좋다고 해도 그것은 또 금세 카피가 되죠. 이런 과정을 반복하면서 계속 품질은 점점 더 상향 평준화됩니다.

소비자가 제품의 퀄리티를 비슷비슷하다고 느끼니 기업들은 고민에 빠졌습니다. 퀄리티 외의 또 다른 기준, 가격으로 승부하지 않으면 소비자의 선택을 받기가 쉽지 않으니까요. A라는 제품과 B라는 제품이 생산자는 다르지만 그 퀄리티가 비슷하다고 생각해보세요. 소비자는 어떤 제품을 선택할까요? 당연히 둘 중에서 가격이 더 낮은 제품일 겁니다. 결국 기업들은 울며 겨자 먹기로 가격을 낮추기 시작했습니다. 그러다가 기업 간에 가격 인하 경쟁이 벌어지게 됐죠.

사실 이런 상황은 소비자 입장에서는 나쁠 것이 전혀 없습니다. 오히려 좋죠. 하지만 기업 입장에서는 어떨까요? 속이 바짝바짝 타들어 갈 겁니다. 그리고 가격 경쟁을 넘어 가격 전쟁 지경까지 가면 모든 기업이 어려워집니다. 한마디로, 더 많이 팔아도 남는 게 적은 장사를 하는 셈이 되죠. 저는 여기에서 가치소비라는 것이 나왔다고 생각합니다. 가격 경쟁에서 벗어나기 위해서 말이죠.

차별화가 기준이 되는 가치소비

가치소비란 생산자가 브랜드에 부여한 가치를 사는 것을 말합니다. 소비자는 제품뿐만 아니라 그 제품에 주입된 가치를 함께 사는 거죠. 몇 가지 경험을 예로 들어 설명해보겠습니다.

저는 요즘 주말 아침마다 러닝을 즐깁니다. 뛰면서 땀을 쫙 빼면 얼마나 상쾌한지 계속 빠져들게 되더군요. 처음 러닝을 시작할 때는 집에 있는 트레이닝복을 입고 평소에 신는 운동화를 신었습니다. 그런데 뛰어보니 알겠더라고요. 왜 사람들이 굳이 러닝화와 러닝복을 따로 마련하는지. 러닝에 적합하지 않은 운동화 탓에 발이 아팠고, 헐렁한 트레이닝복은 거추장스러울뿐더러 땀이 나니 무거워지기까지 하는 겁니다.

그래서 러닝화와 러닝복이 필요하다는 결론을 내리고 집 근처 대형 할인 매장에 갔습니다. 나이키Nike, 언더아머Under Armour, 아디다스Adidas, 뉴발란스NewBalance 등 대부분 스포츠 브랜드가 입점해 있더군요. 그중에서도 이상하게 나이키에 끌렸어요. 당시 다른 브랜드들은 할인폭이 크지만 나이키는 할인폭이 10% 정도밖에 되지 않았는데 말입니다. 저는 이 많은 브랜드 중 어떤 브랜드의 제품이 더 기능이 좋은지를 정확하게 알 수 없었고, 사실 그다지 차이가 없으리라고 생각했습니다. 이럴 때 목적구매의 공식을 적용한다면 할인폭이 가장 큰 제품을 선택했을 것입니다. 그런데 저는 정반대로 할인폭이 가장 작은 나이키 러닝복과 러닝화를 구매했어요.

이 선택에 무엇이 영향을 주었을까요? 솔직히 저도 모릅니다. 하지만 이런 느낌은 있었어요. 나이키를 입고 신으면 왠지 더 많은 거리를 더 빨리 뛸 수 있을 것 같다는 느낌 말이에요. 사실 말도 안 되죠. 특정 브랜드가 러닝 기록을 좌우할 리는 없으니까요. 기록은 브랜드와 전혀 관계없고 오직 꾸준한 연습만이 정답이잖아요. 하지만 그 순간, 저는 그렇게 생각하지 않은 겁니다. 나이키가 생산한 제품을 구매했다기보다는 나이키라는 브랜드가 가지고 있는 가치, 즉 이 브랜드에서 느껴지는 '나이키를 입으면 러닝을 더 잘할 수 있을 것 같다'는 메시지를 구매한 거죠. 그것도 더 비싼 돈을 주고 말입니다.

이것이 바로 가치소비입니다. 또 다른 예도 소개할게요. 전 5년 전 차를 바꿨습니다. 기존 차를 10년 넘게 타서 이런저런 문제가 생겼기에 차를 다시 구매해야 하는 상황에 놓였습니다. 우선 수많은 브랜드가 생각나더라고요. 현대의 제네시스 Genesis 같은 국내 브랜드부터 벤츠Benz, BMW, 아우디Audi 등 해외 브랜드까지 말입니다. 결국 저는 볼보Volvo를 선택했고, 큰돈을 들였습니다.

제가 왜 볼보를 선택했을까요? 사실 디자인으로 본다면 볼보 말고도 세상에는 예쁜 차가 많습니다. 기술이 상향 평준화 됐으니 승차감이나 퍼포먼스 측면에서도 마찬가지일 것입니다. 혹시 '하차감'이란 단어를 아시나요? 승차감과 반대로, 차를 주행할 때의 기분이 아니라 차에서 내릴 때의 기분을 말합니다. 즉 차에서 내릴 때 내가 이 차의 주인이라는 느낌을 일컨죠. 솔직히 말하면 남의 시선을 의식하는 기준인데, 이 하차감 때문에 외제차를 타는 사람이 드물지 않습니다.

저 역시 하차감도 선택에서 중요한 요소라고 생각하는데요(여기부터 가치의 영역으로 들어갑니다). 결국 볼보의 하차감을 선택했습니다. 바로 '가족의 안전'이라는 하차감이죠. 앞서 모든 차의 승차감과 퍼포먼스가 이제는 대부분 좋다고 얘기했는데, 안전 역시 마찬가지라고 봅니다. 대부분 차, 아니 이제는 모든 차가 안전합니다. 자동차에서 안전은 무척 중요한 요소이기 때문이죠.

과거엔 3점식 안전벨트를 개발하는 등 자동차 안전의 역사에서 가장 중요한 몇몇 발명을 하기도 했지만, 솔직히 볼보의 안전 기능이 다른 차들보다 월등하다고 생각하진 않습니다. 그럼에도 현재까지 안전성이라는 키워드는 볼보가 가진 상징과 같다고 봤고, 그 가치를 사고 싶었습니다. 차에서 내릴 때 '저 사람은 가족의 안전을 생각하는 아빠구나'라고 다른 사람들이 나를 보는 그 이미지를 얻고 싶었는지도 모르겠습니다. 기능과 디자인만으로 차를 선택한 것이 아니라 그 차의 브랜드가 가지고 있는 '가치'를 선택하고 큰돈을 지불한 것이죠.

가치소비에서 발현된 브랜딩

조금 더 극단적인 예를 들어보겠습니다. 편의점에 가보면 수많은 생수 브랜드가 있습니다. 이 예를 드는 이유는 생수가 무색, 무미, 무취의 제품이기 때문입니다. 혹시 여러분은 삼다수와 백산수, 아이시스의 물맛을 구분할 수 있나요?

솔직히 구분할 수 없으실 거예요. 생수는 목적구매 카테고리의 거의 극단에 있다고 해도 과언이 아닐 정도로 제품별 차이가 거의 없습니다. 단지 목이 마르니 물을 마시고 싶다는 욕구 때문에 구매하게 되는 제품이죠. 그런데 한번은 다양한 제품과 브랜드, 라이프 스타일을 다루는 디에디트THE EDIT라는 콘텐츠 플랫폼에서 이런 내용의 글을 본 적이 있습니다.

> 생수를 샀다. 프랑스산 생수인 에비앙Évian이다. 에비앙을 차곡차곡 냉장고에 넣었다. 부유한 사람이 된 기분이 들었다. 나는 에비앙을 좋아한다. 알프스산맥에서 솟아난 물을 먹는다는 호사스러운 기분이 좋다. … 에비앙은 비싸다. 삼다수의 두 배다. 그런데도 나는 왜 그렇게 에비앙을 좋아하는가? 그저 예뻐서? 물론이다. 그런데 나의 에비앙에 대한 애정에는 내 입으로 직접 말하고

싶지 않은 단어가 숨어 있다. '허영'이라는 단어다. 영국에 살던 시절 나는 항상 에비앙을 들고 길을 걸었다. 그걸 들고 다니는 것이 어떤 아름다움과 부유함의 상징이라도 되는 듯이 말이다.

어떤가요? 글에서도 언급된 것처럼 에비앙이라는 브랜드는 삼다수의 두 배 정도나 될 만큼 비쌉니다. 그런데 왜 글쓴이는 그럼에도 에비앙을 구매했을까요? 글에서 힌트를 얻자면 허영, 아름다움, 부유함 같은 기분을 느끼게 해주기 때문

입니다.

앞서 얘기한 대로 생수는 무색·무미·무취의 제품이에요. 그러니 가장 저렴한 것을 선택하는 것이 합리적이지만, 에비앙이라는 브랜드에 담긴 가치는 단순한 경제적 판단을 넘어섭니다. 그렇기에 소비자는 두 배의 가격을 지불하고도 기꺼이 에비앙을 선택하죠. 가치 소비가 무엇인지를 명확하게 보여주는 사례입니다.

이렇듯 퀄리티가 점점 상향 평준화되는 시대에 기업들은 자사 제품에 특별한 가치를 담는 것이 가격 경쟁을 피하고 더 나아가 제품의 가격을 지키면서 소비자의 선택을 받는 방법임을 알게 된 것 같습니다. 그래서 모든 기업이, 특히 마케터들이 브랜딩을 치열하게 고민하고 있는 거죠. 브랜딩이라는 개념은 어쩌면 이 가치소비에서 시작됐다고 할 수도 있을 것입니다.

03. ─────── 브랜딩을 한 문장으로 정의한다면

앞서 살펴본 목적구매와 가치소비를 바탕으로, 저는 브랜딩을 다음과 같이 정의할 수 있다고 생각합니다.

남들과 나를 구분 짓는 나만의 가치를 만드는 행위.

하나의 짧은 문장이지만 여기에는 기억해야 할 세 가지 포인트가 있습니다.

첫째가 '나만의 가치'로, 이를 정의하는 것이 굉장히 중요합니다. 앞서 언급했듯 에비앙은 허영, 호사스러움과 같은 가치를 선택하고 브랜드에 주입시키는 것에 성공했고요. 나이키는 도전정신, 볼보는 안전이라는 가치를 정의하고 브랜드에 심었습니다. 이처럼 수많은 가치 중에서 우리 브랜드가 추구하는 가치가 무엇인지 찾는 동시에 그것을 바탕으로 소비자의 욕망을 만들 수 있어야 합니다.

둘째는 '남들과 나를 구분 짓는'입니다. 우리가 브랜드의 가치를 정의하고, 사람들이 브랜드를 접했을 때 그 가치를 동시에 떠올리게 해야 하는 이유는 무엇일까요? 바로 남들과 나를 구분 짓기 위해서입니다. 즉 경쟁사와 우리를 명확히 구분 짓는 뾰족한 가치를 만들어야 한다는 얘기입니다.

셋째는 '행위'입니다. 사실 브랜딩에는 완성이란 것이 있을 수 없습니다. 경쟁사와 우리를 구분 지을 수 있는 우리만의 가치를 계속 전달해야 한다는 것이고요. 그것을 위해 다양한 브랜딩 활동을 지속적으로 해야 한다는 말이기도 합니다.

여기서 한 가지 더 생각해볼 부분이 있습니다. 앞서 제시한 브랜딩의 정의를 지금까지는 기업 입장에서 설명했는데요. 한편으로는 그 브랜드를 사용하는 소비자에게도 그대로 적용된다는 것입니다. 가족의 안전을 생각하는 사람이라는 볼보의 하차감, 나이키를 입고 러닝을 하는 내 모습, 에비앙을 사서 가방에 넣지 않고 일부러 들고 다녔다는 인용문의 이야기에서 잘 알 수 있죠. 그 브랜드를 소유하는 것 역시 '남들과 나를 구분 짓는 나만의 가치를 만드는 행위'가 되는 겁니다.

저는 일주일에 한 번씩 웨이트 트레이닝을 하는데, 늘 에너지 드링크를 마십니다. 고카페인 성분이 들어 있어 더 많은 에너지를 뽑아낼 수 있다는 말이 있는데요. 사실 여부를 떠나 에너지 드링크를 마시면 더 많은 힘을 쓸 수 있을 것이라는 기대감, 즉 일종의 판타지 효과가 작용한 거죠. 그래서 운동 전 근처 편의점에 들러 에너지 드링크를 사는데요. 가보면 선택지가 몇 개 있습니다.

국내 브랜드로는 핫식스HotSix가 있고, 해외 브랜드로는 몬스터Monster와 레드불Redbull이 있어요. 그런데 핫식스와 몬스터는 가격이 비슷하고, 레드불은 용량이 이보다 작은데 가격은 조금 더 비쌉니다. 요즘엔 더 큰 용량의 레드불도 보이던데 핫식스나 몬스터보다 무려 1,000원 정도 더 비쌉니다. 핫식스나 몬스터가 2,300원 정도 하니까 40% 정도 비싼 셈이죠. 그런데도 저는 레드불을 고릅니다. 성분이야 비슷할 테지만 레드불을 마시면 더 힘이 날 것 같거든요.

레드불은 오래전부터 익스트림 스포츠에 많은 스폰서십을 만들어왔습니다. 그중 대기권으로 올라가 지상으로 낙하하는 레드불 스트라토스Red Bull Stratos라는 이벤트는 무척 유명합니다. 낙하하는 플레이어의 옷과 낙하산, 그리고 대기권까지 올라가는 우주선에는 레드불 로고가 크게 박혀 있습니다. 그러면서 그들은 이 프로젝트의 목적이 인간의 한계를 뛰어넘는 것이라고 얘기합니다. '인간의 한계를 뛰어넘는다.' 에너지 드링크를 마시는 사람들이 진정으로 바라는 바가 이것 아닐까요?

레드불의 인스타그램을 보면 자신들을 다양한 익스트림 스포츠와 어떻게 연결하는지 잘 드러납니다. 제품 얘기는 거의 없어요. 심지어 '이런 신제품이 나왔다, 이러이러한 이유로 좋다' 같은 홍보도 하지 않고요. 이렇듯 브랜드에 우리만의 가치가 장착되면 기업은 가격 경쟁력을 갖추기 위한 노력에만 집중하지 않아도 되는 것이죠.

요즘은 몬스터도 레드불의 행보를 많이 벤치마킹하고 있습니다. 몬스터를 판매하는 기업도 아는 겁니다. 사람들이 단지 가격과 성분 때문에 에너지 드링크를 선택하는 것이 아니라 그것이 가지고 있는 이미지, 즉 가치를 더 크게 본다는 것을 말이죠. 이런 가치를 만드는 행위가 바로 브랜딩입니다.

04. ──────── 브랜딩과 마케팅의 차이, 그리고 각각의 역할

 그럼 브랜딩과 마케팅은 어떤 다른 점이 있을까요? 누군가는 가치를 만드는 것 또한 마케팅이라고 말하고, 또 누구는 기업의 마케팅 활동 역시 브랜딩의 관점으로 접근해야 한다고 얘기합니다.

 그런 만큼 어디까지가 마케팅이고 어디까지가 브랜딩인지는 주장하는 주체마다 기준과 범위가 달라지기도 합니다. 따라서 마케팅과 브랜딩의 개념을 한번 정리할 필요가 있습니다. 여기서 혼선이 일어나면 마케팅과 브랜딩을 기획하는 과정에서 불필요한 오해나 커뮤니케이션 오류가 생길 수 있거든요.

브랜딩, 마케팅 그리고 매체

저는 마케팅은 직접적으로 매출을 올리기 위한 모든 행위라 생각하고, 브랜딩은 남들과 나를 구분 짓는 가치를 만드는 행위라고 봅니다. 목적이 명확히 다르다고 할까요? 좀 더 쉽게 말하면, 마케팅은 직접적인 판매(세일즈)를 위한 활동이고, 브랜딩은 우리 브랜드만의 정체성을 만들어 소비자의 머릿속에 각인시키는 과정이죠. 마케팅의 목적은 명확합니다. 바로 매출을 올리는 것이죠. 그래서 많은 기업들이 퍼포먼스 마케팅을 합니다. 예를 들어 다양한 채널과 소셜미디어 광고를 통해 사람들을 자사 몰로 유입시키고, 유입된 이들에게 제품을 판매하며 매출을 늘리기 위해 최선을 다하죠. 그 과정에서 주로 다음과 같은 고민을 합니다.

- 우리 제품에 관심이 많은 사람들은 누구이고, 그들에게 도달하려면 어떤 매체에 노출해야 할까?
- 사람들이 우리 제품에 바로 눈길을 주게 하려면 어떤 메시지가 좋을까?
- 어느 정도의 할인율을 책정해야 사람들의 클릭을 유도할 수

있을까?

- 우리 몰로 유입된 이들에게 어떻게 설명해야 우리 제품을 타사 제품보다 매력적으로 느끼게 될까?
- 매출을 최대한 끌어올리기 위해 추가 쿠폰을 증정해야 할까, 아니면 기프트를 제공해야 할까?
- 구매하지 않고 몰을 바로 떠나버린 사람들에게 어떻게 다시 접근해야 할까?

이런 것들이 모두 직접적으로 판매를 올리기 위해 마케팅에서 하는 고민이며, 그만큼 효율이 중요하죠. 어떤 채널에서 사람들의 반응이 좋다면 해당 채널에 더 집중하고, 어떤 메시지에 사람들이 클릭을 더 많이 했다면 다른 채널의 메시지도 비슷하게 바꾸는 등 이 모든 것은 즉각적인 구매를 일으키기 위한 행위입니다.

그렇다면 이런 질문을 할 수 있습니다. '기업에서 하는 TV나 유튜브 등의 영상 광고, 옥외 광고는 마케팅일까요, 브랜딩일까요?' 여기부터 모호해집니다. 사람들이 TV 광고를 보고 당장 스마트폰을 켜서 제품을 구매하려고 하지는 않으니까요. 결론부터 말하면 TV나 유튜브 등은 일종의 매체입니다. 즉 기업의 메시지를 전달하기 위한 하나의 광고판인 겁니다. 그래서 이 질문은 '해당 광고판을 마케팅 광고판으로 활용할 것인가, 브랜딩 광고판으로 사용할 것인가'와 같은데요. 제 답은 이렇습니다. 해당 매체의 광고가 직접적으로 판매를 높이는 데 쓰인다면 마케팅이고, 남들과 나를 구분 짓는 가치를 만드는 데 활용된다면 브랜딩인 거죠.

예를 들어, 기업에서 진행하는 대부분의 TV 광고에는 제품의 세일즈 포인트를 전달하는 직접적인 메시지가 들어 있습니다. 이것은 마케팅이죠. 메시지를 많은 사람에게 노출하여 우리 제품을 알리는 것입니다. 하지만 그 광고를 통해 우리가 만들고자 하는 가치를 전달하려 한다면, 브랜딩 활동을 하는 데 그 매체를 사용하는 것입니다.

기업에서 연예인을 활용하는 것은 대부분 마케팅이라 할 수 있습니다. 제품만 내보내는 것보다 연예인을 활용하면 쉽게 주목을 끌 수 있고 기억에 더 오래 남길 수 있으니까요. 그런데 그 연예인을 활용하여 우리 브랜드만의 또 다른 가치를 만드는 건 브랜딩이에요. 잡지나 기사에 우리 제품이 다른 제품보다 무엇이 좋은지를 많이 노출한다면 마케팅이라고 할 수 있고, 그보다는 우리가 만들고 싶어 하는 브랜드의 이미지를 전달하는 데 집중한다면 잡지를 브랜딩의 도구로 활용하는 거죠.

2011년에 파타고니아patagonia가 〈뉴욕타임스〉에 재미있는 광고를 하나 실었습니다. 'DON'T BUY THIS JACKET'이라는 메시지가 있었고 자사의 대표 제품 중 하나인 플리스 재킷 이미지를 크게 넣었습니다. 이 광고는 무척 유명한데요. '우리 재킷을 하나 더 사기보다는 당신이 가지고 있는 옷을 아껴 입으세요'라는 메시지였거든요. '옷을 사지 말고 아껴 입으라'라는 메시지는 파타고니아가 가진 철학과 연결되는,

즉 환경이라는 가치를 중요시하는 브랜드임을 알리는 거죠.

그렇다면 이것은 마케팅일까요? 아닙니다. 일간지의 지면을 광고판으로 활용하여 자신들이 어떤 정신을 가진 브랜드인지를 알리는 브랜딩입니다. 만약 마케팅을 하고자 했다면 'DON'T BUY THIS JACKET'이 아니라 'BUY THIS JACKET'이라는 메시지가 있어야 하고, 제품을 잘 보여주면서 이 재킷이 타사 대비 왜 좋은지를 설명해야 했을 겁니다. 세일이라는 문구도 있었을지 모르죠. 그걸 보고 사람들이 바로 재킷을 구매하든 아니든, 광고를 한 기업의 마음속엔 우리 제품을 사도록 유도하려는 목적이 있으니까요. 여기서 일간지라는 매체는 광고판일 뿐인 겁니다.

또 하나의 예를 들어보겠습니다. 10년 전 볼보는 프랑스의 유명 배우 장 클로드 반담Jean Claude Van Damme과 함께 〈THE EPIC SPLIT〉라는 영상을 촬영하여 유튜브에 릴리즈했습니다. 유튜브에서 'EPIC SPLIT'로 검색하면 찾을 수 있는데, 1분 조금 넘는 영상이니 한번 감상해보는 것도 좋을 듯합니다.

처음에는 팔짱을 낀 장 클로드 반담의 상반신이 화면을 채우다가 점차 카메라가 뒤로 물러납니다. 아니, 트럭이 카메라로부터 멀어진다고 말하는 게 좋겠군요. 알고 보니 반담이 두

대의 트럭에 발을 딛고 있는 상태였고, 트럭이 서로 조금씩 간격을 벌리며 운행하자 반담의 트레이드마크인 다리찢기가 연출됩니다. 운행하는 두 트럭에 발 하나씩을 걸친 상태인데 반담은 전혀 흔들림이 없습니다. 이 영상은 볼보 트럭의 다이내믹 스티어링 기술이 얼마나 대단하고 안전한지를 보여주었습니다.

그렇다면 볼보는 그들의 트럭을 판매하기 위해서 이 영상을 만들었을까요? 사실 일반인 중 대형 트럭을 구매할 사람은 거의 없죠. 그래서 저는 즉각적 판매를 유도하는 것이 아닌 자사의 기술력과 그들이 추구하는 가치를 보여주기 위해 만들었다고 생각합니다. 그들이 지향하는 자신만의 이미지인 '안전'이라는 키워드를 중심으로 말이죠. 따라서 이것은 브랜딩이고, 유튜브는 브랜딩을 위한 매체일 뿐입니다.

앞서 얘기한 레드불의 익스트림 스포츠 스폰서십과 우리나라 야구장에서 볼 수 있는 수많은 브랜드의 광고판도 한번 비교해볼까요? 야구장 곳곳에는 많은 F&B[Food and Beverage] 브랜드를 비롯한 수많은 브랜드의 이름이 큼지막하게 노출되죠. 선수들 유니폼에도 브랜드명이 많이 붙어 있고요. 제 생각부터 얘기하자면 레드불의 익스트림 스포츠 스폰서십은 브랜딩이고, 야구장의 광고판은 마케팅입니다. 전자는 자신만의 이미지를 만들고자 하는 행위이기 때문이고요, 후자는 단지 자신의 브랜드명을 직관적으로 노출하여(이게 전부잖아요. 어떠한 이미지와도 연결하지 않죠) 우리 브랜드명을 봐달라는 목적이 가득하고 이를 통해 결국 매출을 증대하려는 의도가 다분한 행위니 말입니다.

브랜딩을 바라봐야 하는 관점

누군가는 "브랜딩이 마케팅보다 더 중요한 건가요?"라고 물을지도 모르겠습니다. 결론부터 말하자면 "아니요"입니다.

세부적인 목표는 다를지라도, 대부분 기업의 최종적인 목표는 이윤 창출과 성장입니다. 그 목표를 이루기 위해서 다양한 전략과 전술을 펼쳐야 하죠. 시장 환경과 우리의 현재 위치, 경쟁사들의 시장 점유율, 우리의 타깃 고객 등에 따라 최적의 전술을 채택해야 하는데 마케팅과 브랜딩은 각각의 전술을 아우르는 큰 전략이 될 수 있습니다. 무턱대고 브랜딩에 뛰어드는 것이 성공의 지름길은 아니라는 얘깁니다.

우선 시장에 진입한 초반에는 우리 제품이 나왔다는 것을 잠재 고객에게 알려야 합니다. 가능한 한 빠른 시일 내에 이윤을 내야 사업을 유지할 수 있으니까요. 그래서 초반에는 브랜딩보다 마케팅이 당면 과제가 됩니다. 하지만 언제까지나 마케팅에만 의존해서는 뒤처질 수밖에 없습니다. 경쟁의 장을 가격에서 가치로 이동시켜야 하죠. 이때가 브랜딩이 시작되는 시점이고요.

그래서 마케팅과 브랜딩을 두고 우열을 다투는 것은 무의미하다고 봅니다. 각각의 역할과 효과가 다른 만큼 시장 환경, 기업의 성장 단계에 따라 전략적으로 선택해야 합니다. 조금 뜬금없다고 생각될 수도 있지만 이를 전쟁에 비유해보겠습니다. 전쟁의 목표는 승리죠. 이기기 위해서는 상황에 따라 다양한 전략과 전술이 필요하고요. 그런데 이 전략과 전술은 한두 가지만 존재하는 것이 아닙니다. 상대방 전력을 파악하고 상대가 어떤 전략을 펼치냐에 따라서 그에 맞서는 다양한 전략과 전술이 필요합니다.

지형도 관계가 크죠. 산에서 전쟁을 치르냐, 강이나 바다, 협곡에서 전쟁을 치르냐에 따라서 그에 맞는 전략과 전술이 필요해요. 날씨도 영향을 주죠. 눈이 오거나 비가 오는 날씨라면 그에 맞는 전략을 고민해야 하고, 낮이냐 밤이냐에 따라서도 달라집니다.

이는 비단 마케팅과 브랜딩만의 얘기는 아닙니다. 기업의 비즈니스 모델을 계속 확장하거나 하나의 모델에 집중해서 시장을 공략해야 하는 사업 전략도 중요합니다. 인사 전략은 어떤가요? 우리가 가지고 있는 인력을 어떻게 적재적소에 배치하여 업무 퍼포먼스를 높일지도 중요합니다. 어떤 인력을 조직에 합류시켜 성장을 가속화할지에 대한 채용 전략도 기업에서 고려해야 하는 부분이고요. 재무 전략도 마찬가지로 중요합니다.

이처럼 브랜딩은 기업의 성장에 필수적인 전략 중 하나로 바라봐야 합니다. 그리고 브랜딩을 제대로 활용하려면, 브랜딩의 효과를 잘 알아야 해요. 단지 '브랜드의 인지도를 만들 수 있다', '고객 충성도가 높아진다' 정도로는 부족하다고 생각합니다.

브랜딩을 정말 효과적으로 활용하기 위해서는 브랜딩이 기업에 어떤 영향을 줄 수 있는지, 어떤 방식으로 브랜드의 가치와 경험을 구축해야 하는지 더 깊이 이해해야 합니다.

05. ─────── 잘한 브랜딩은
어떤 효과를 가져다줄까

지지자 그룹, 팬덤이 형성된다

우리만의 가치를 만드는 과정에서 우리 브랜드를 좋아하는 팬들이 자연스럽게 모여들어 팬덤이 만들어집니다. 이들은 우리 제품의 성능에 만족해서 사용하는 사람 혹은 우연히 우리 제품을 써본 사람들과는 결이 다릅니다. 우리가 만들고자 하는 가치를 지지하고 더 나아가 응원하는 사람들이에요.

앞서 브랜딩은 기업의 가치뿐 아니라 그 브랜드의 제품을 소유한 사람에게도 영향을 준다고 언급했습니다. 브랜드가 어떤 가치를 지닌다면 그 제품을 갖고 있는 사람에게도 그 가치의 이미지가 투영된다는 얘기죠.

저는 파타고니아의 옷을 좋아하고 프라이탁^(Freitag) 브랜드의 가방을 늘 들고 다닙니다. 파타고니아는 '지구사랑'이라는 가치를 중심으로 버려진 폐기물을 재활용해서 의류 제품을 만든 최초의 아웃도어 브랜드입니다. 프라이탁은 유럽을 돌아다니는 트럭의 두툼한 방수천을 재활용하여 자신들만의 스타일로 가방, 지갑 등을 만드는 브랜드고요.

제가 이 브랜드들을 선택한 이유는 단지 제품력이 좋아서가 아닙니다. 요즘 유행하는 브랜드라서도 아니고요. 파타고니아를 입고 프라이탁을 들고 다니는 내 모습이 좋기 때문입니다. 동시에 그들의 가치에 공감하기에 꾸준히 구매하고 지지하는 것입니다. 이 브랜드를 입으면 따로 이야기하지 않아도 '나는 친환경을 중요시하는 사람'이라고 보여줄 수 있기 때문이죠.

이처럼 브랜딩은 우리가 만드는 가치를 좋아해 줄 팬을 만드는 것이 목적이라고 해도 과언이 아닙니다. 여기서 중요한 점은 '모두에게 사랑받을 수는 없다'는 것입니다. 제가 쓴 《그래서 브랜딩이 필요합니다》에서도 강조했던 "얼추 아는 백 명이 아닌 열광하는 한 명을 만드는 것이 브랜딩의 목적이 되어야 한다"와 같습니다. 단골, 즉 팬을 만든다는 의미인 것이죠. 단골은 비가 오나 눈이 오나 좋아하는 제품을 사고, 더 나아가 다른 사람에게도 제품을 적극적으로 소개하니까요.

스트리트 패션 브랜드 슈프림Supreme은 팬층이 두터운 것으로 유명합니다. 슈프림의 신제품이나 다른 브랜드와 협업한 상품이 나오면 바로 매진되기도 하고요. 그런 슈프림이 어느 날 벽돌을 30달러에 출시했습니다. 네 맞습니다. 옷이 아니고 그냥 벽돌입니다. 공사장에서 볼 수 있는 그 벽돌이요. 차이점이 하나 있는데, 슈프림의 벽돌에는 '슈프림'이라는 로고가 박혀 있다는 것입니다. 이런 걸 누가 사겠나 싶겠지만, 결과는 예상 밖이었습니다. 슈프림의 옷들이 그랬듯이, 금방 완판됐거든요. 심지어 그 벽돌이 중고 거래 사이트에서 한때 1,000달러에 거래되기도 한 것은 유명한 일화입니다.

브랜드가 팬을 만들면 어떤 현상까지 만들어지는지를 극명하게 보여주는 사례입니다. 특정 브랜드의 팬이 된다면 비단 그 브랜드의 제품을 산다는 의미보다 그 브랜드 자체를 구매한다는 의미가 더 강해지는 거죠. 왜냐고요? 그 브랜드를 좋아하니까요.

재방문과 재구매가 증가한다

저는 나이키 SNKR 앱(나이키의 한정판 제품을 구매할 수 있는 앱)을 습관적으로 살펴봅니다. 일주일에 한 번씩은 열어보면서 이번에는 또 어떤 제품이 나오는지 확인해요. 29CM 앱에도 수시로 접속해서 프라이탁 신제품이 나왔나 확인합니다. 자주 들어간다고 해서 저에게 어떠한 보상을 주는 것도 아닌데 말이죠. 저는 왜 이렇게 자주 방문할까요? 제가 패션에 관심이 많아서이기도 하지만, 그보다는 나이키와 프라이탁의 팬이기 때문입니다.

저는 프라이탁 제품을 10개 정도 가지고 있습니다. 모델명은 다르지만 사실 다 같은 가방이니 이렇게 많이 가질 필요가 없잖아요. 게다가 저는 그중 한 가지 모델만 주로 들고 다니거든요. 얼마 전에도 조그만 카드지갑이 필요해서 또 앱에 들어갔어요. 거의 일상에 가깝죠. 백화점에 가면 습관적으로 둘러보는 매장이 몇 군데 있습니다. 딱히 뭔가가 필요해서 가는 것도 아닌데, 어떤 제품이 나왔는지 구경하다 보면 어느새 제 손에 몇 개씩 들려 있더라고요. 그렇게 또 구매를 합니다.

왜 저는 습관적으로 그곳을 방문할까요? 다른 브랜드도 많은데 왜 그 브랜드를 고집할까요? 바로 이것이 브랜딩의 또 다른 효과입니다. 재방문과 재구매를 유도하죠. 이를 마케팅과 비교해보면 차이를 확연히 알 수 있습니다.

마케팅은 보통 첫 구매를 유도하는 데 더 집중합니다. 어떻게든 고객이 그 제품을 사게 하는 것이 목적이죠. 그래서 많은 비용을 들여 다양한 활동을 전개합니다. 쿠폰을 제공하거나 대폭 할인을 주어 첫 구매를 하게 만들면 어찌 보면 마케팅은 성공한 것일지 모릅니다. 하지만 가격 경쟁력으로 접근한 것이기 때문에 고객이 그 제품을 사용하고 크게 만족하지 않는 이상 재구매를 발생시키기는 쉽지 않습니다.

브랜딩은 오히려 반대입니다. 첫 구매를 발생시키기는 마케팅에 비해서 상대적으로 힘들지만, 브랜드만의 가치를 만들어놓는다면 어떤 직접적인 마케팅 비용 없이도 재방문과 재구매가 자연스럽게 발생합니다. 물론 그 브랜드만의 가치를 만들기 위해서 그만큼의 시간과 비용을 지출했겠지만 말이죠.

광고 효과가 커진다

어떤 브랜드든 제품을 론칭하면 다양한 매체에 광고를 하는데요. 광고 효과는 천차만별이지만, 고객을 자사 몰로 성공적으로 유입시킬 확률은 그리 높지 않습니다. 새로운 시장을 창출하는 기존에 없던 제품이거나 동급 대비 뛰어난 성능의 제품이 아닌 이상 수많은 대체품이 있기 때문입니다. 또는 차별화되는 지점이나 뾰족한 메시지가 없기 때문일 수도 있고요.

대체재가 있다는 것은 경쟁사와 우리의 제품 간에 큰 차이점이 없다는 뜻이기도 합니다. 어떻게든 차별점을 만들어내지 못한다면 우리 제품은 선택받을 수 없겠죠. 이 차별점을 만들어내는 것, 즉 남들과 나를 구분 짓는 나만의 가치를 만드는 행위가 브랜딩입니다. 뒷부분에서 구체적으로 다루겠지만 저는 이 차별점을 '핵심경험'이라고 부릅니다.

  핵심경험을 정의하면 더 좋은 광고 효과를 만들 수 있습니다. 우리가 전달해야 하는 메시지를 명확히 할 수 있기 때문이에요. 액션캠 브랜드인 고프로^{GoPro}를 한번 생각해볼까요? 고프로가 초반 액션캠 시장에 미친 영향이 크다는 것은 인정하지만 이제는 수많은 액션캠 중 하나에 지나지 않습니다. 액션캠들의 기능 역시 이미 상향 평준화되어 있기 때문에 웬만하면 모두 좋은 퀄리티를 가지고 있죠. 하지만 고프로는 자신의 차별점을 기능적인 부분에서만 찾지 않았습니다. 다양한 모험과 자신의 브랜드를 연결했죠. 서핑이나 익스트림 스포츠를 즐기는 사람들의 모습을 의도적으로 보여주기도 하고요.

  단지 제품의 특장점을 알리는 광고와 모험과 관련된 소재의 광고 중 어느 쪽이 더 소비자의 기억에 남을까요? 당연히 후자입니다. 사람들의 호기심을 더욱 자극할 수 있기 때문입니다. 그러면 고객의 머릿속에서 브랜드를 그 브랜드가 의도했던 이미지와 연결할 수 있습니다. 이런 현상은 자연스럽게 선순환을 만듭니다. 우리 브랜드가 사람들의 기억에 이미지로 각인될수록 이후에 집행하는 광고 효과도 커질 수 있습니다.

신뢰도가 높아진다

우리 브랜드는 고객에게 얼마나 신뢰받고 있을까요? 신뢰가 중요한 이유는 소비자가 제품을 구매하는 데 결정적 요인이기 때문입니다. 고객이 '나는 이 브랜드가 좋다' 또는 적어도 '다른 브랜드에 뒤지지 않는다'고 믿는 것이 중요하죠.

신뢰의 기본은 물론 제품의 우수성에서 나와야 합니다. 하지만 요즘의 신뢰는 단순히 우수성에서만 나오지 않는다는 것이 제 생각입니다. 많은 제품의 품질이 어느 정도 상향 평준화된 요인도 있고, 또 하나는 소비자가 제품의 우수성을 판단할 수 있는 전문가적인 통찰력과 시선을 가지고 있지 않기 때문입니다. 물론 전문가라면 시중에 나온 제품 중에서 어떤 제품이 어떤 기능이 더 좋고, 어떤 소재가 더 뛰어나다는 것을 알 수 있어요. 그런데 이는 모든 고객에게 필요한 역량은 아니죠.

따라서 신뢰, 즉 믿음이라고 하는 것은 결국 우리 브랜드가 어떤 이미지를 가지고 있는지와 밀접하게 연결되어 있습니다. 쉽게 말해 사람들은 좋은 것을 좋다고 생각하기보다는 좋아 보이는 것, 좋다고 애기하는 것을 좋다고 생각하는 경향이

크다는 것이죠.

사람들에게 좋다고 인식되기 위해서는 무엇이 필요할까요? 바로 우리 브랜드를 좋아하는 팬을 꾸준히 만드는 것이 굉장히 중요한 요인으로 작용해요. 팬을 만드는 것이 브랜딩의 목적인 만큼 브랜딩이 잘되어 있는 기업, 브랜딩을 잘하는 기업은 자연스럽게 신뢰도를 올릴 수 있습니다.

가격 민감도가 낮아진다

앞서 얘기한 목적구매와 가치소비를 떠올리면 쉽게 이해할 수 있는데요. 가격 민감도가 낮아진다는 것은 경쟁사에 비해 더 높은 가격을 매길 수 있다는 뜻입니다. 다른 말로는 '가격 저항이 낮아진다'와 같습니다. 보통 가격이 얼마든 간에 사람들이 지속적으로 찾는 브랜드로 명품 브랜드가 있죠. 하지만 명품뿐만이 아니라 앞서 언급한 에비앙과 레드불도 같은 맥락에서 설명할 수 있습니다. 한편으로는 이런 브랜드가 가격 경쟁력을 갖췄을 때 엄청난 폭발력을 만들기도 합니다.

나이키 멤버 데이즈를 한번 생각해볼까요? 이 이벤트는 나이키 멤버십 회원에게 특별한 할인 혜택을 제공하는 행사입니다. 옷부터 신발까지 다양한 제품을 저렴하게 구매할 수 있기에 이 기간에는 엄청나게 많은 사람이 나이키에서 쇼핑을 해요.

브랜딩이 잘 구축된 상태에서 타사 대비 높은 가격 정책을 펼치는 브랜드가 한 번씩 세일 행사를 한다면 사람들이 몰릴 수밖에 없죠. 그 브랜드를 소유하고 싶었는데 지금이 적기라고 생각하기 때문입니다. 강력한 브랜드는 가격을 어떻게 조정하느냐에 따라서 브랜딩이 잘 구축되어 있지 않은 곳보다 상대적으로 다양한 성장의 기회를 만들 수 있고 또 많은 이점을 누릴 수 있습니다.

협업을 원하는 브랜드가 많아진다

기업의 성장에서 협업은 서로에게 시너지를 주는 경우가 많습니다. 브랜딩이 잘되어서 팬이 만들어지면 다양한 곳과 협업의 길이 열린다는 의미인데요. 과거 제가 브랜딩을 총괄했던 29CM도 다양한 브랜드에서 협업 요청이 왔습니다. 요청의 형태도 굉장히 다양했는데, 그중 가장 많은 부분을 차지한 것이 '입점'이었습니다. 즉 29CM 플랫폼에서 자신들의 브랜드를 판매하고 싶다는 거죠. 입점하면 플랫폼의 수많은 팬에게 자사 브랜드를 보여줄 수 있으므로 홍보할 기회가 자연스럽게 생기기 때문입니다.

특히 입점 조건으로 29CM에서 '큰 폭의 할인'을 하겠다는 제안이 많았습니다. 어디에서도 볼 수 없는, 기한 한정 할인가를 내세워 협업을 제안한 겁니다. 이들에게 중요한 것은 단순한 마진이 아니라 자신의 브랜드를 29CM라는 플랫폼을 통해 소개하는 것이니까요. 실제로 29CM에 입점하고 그 소식을 자사 홈페이지와 광고를 통해 알리는 브랜드도 많았습니다. 입점 자체가 그들에게는 큰 뉴스였던 겁니다.

또 다른 형태는 '단독'입니다. 다른 어떤 곳에서도 자사 브랜드의 상품을 팔지 않고 29CM에 선공개하겠다는 거죠. 그만큼 자사의 마진을 조금 포기하더라도 입점하고 싶다는 그들의 의지가 반영된 것이라고 할 수 있습니다. 이는 비단 29CM에 입점을 원하는 작은 브랜드만의 얘기가 아닙니다. 수많은 대형 브랜드도 다양한 형식으로 협업을 요청해 왔는데요. 브랜드의 파워가 있으니 어찌 보면 당연한 결과라고 생각합니다.

이로 인해 29CM에는 더 많은 고객이 몰렸습니다. 특정 브랜드를 단독으로, 게다가 할인해서 판매하니 말이죠. 쇼핑할 수 있는 브랜드의 종류가 훨씬 더 많아지기도 하고요. 더 많은 고객이 몰릴수록 29CM의 브랜드 파워는 더욱 강해졌고, 반대로 다른 브랜드에 협업을 제안할 수 있는 영향력 또한 커졌습니다. 이 또한 브랜딩이 가져다주는 효과 중 하나입니다.

결국 기업의 성장과 연결된다

이처럼 브랜딩을 잘하면 다양한 효과가 만들어질 수 있습니다. 이는 결과적으로 기업의 성장과 밀접하게 연결되어 있죠. 팬이 만들어지고 신뢰가 구축되면 시장에서 존재감이 생기고, 자연스럽게 재구매와 재방문이 늘어나며, 많은 브랜드와 협업할 수 있습니다.

게다가 브랜딩은 인재 채용에도 큰 영향을 줍니다. 누구나 자신이 좋아하는 브랜드 또는 사람들에게 인기 있는 브랜드에서 일하고 싶어 하기 때문이죠. 기업에 지원자가 많아지면 상대적으로 좋은 인재를 많이 채용할 수 있습니다. 이는 또다시 다양한 퍼포먼스와 연결되며 선순환을 이루게 됩니다.

   이 외에도 브랜딩에는 다양한 효과가 있습니다. 언론과 매체에서 우리 브랜드를 주목하기에 각종 기사를 통해 소비자들에게 노출되죠. 소비자들의 자발적 포스팅 또한 늘어납니다. 기사와 포스팅은 새로운 고객을 브랜드로 불러 모으고, 이들 역시 브랜드와 잘 연결되면 앞서 얘기한 브랜딩 효과가 증폭됩니다.

06. ──── 브랜딩에 앞서 짚어야 하는 여섯 가지 질문

그렇다면 브랜딩은 어디서부터 시작해야 할까요? 물론 정답은 없습니다만, 모든 일에는 출발선이 있죠. 브랜딩의 출발선에서 생각해보면 좋을 질문 여섯 가지를 정리했습니다. 하나씩 고민하다 보면 여섯 가지 질문의 답이 가리키는 방향이 있을 텐데요. 그 방향을 찾는 과정을 살펴보겠습니다.

왜 지금 브랜딩이 필요한가?

이 질문에 답하기 위해서는 우리 브랜드의 현재 모습을 파악할 필요가 있습니다. 더불어 시장에서 경쟁사들은 어떤 이미지를 가지고 있는지도 함께 검토해야 합니다.

- 지금 우리 브랜드의 상황은 어떤가요? 오직 가격으로만 경쟁하고 있나요? 가격 이외에 타 브랜드와 조금이라도 다른 점이 있나요?
- 경쟁사들 중에서 우리가 지향하는 브랜드 이미지를 구축한 곳이 있나요? 있다면 그들은 어떻게 해당 이미지를 갖게 됐나요? 그들을 통해서 사람들이 얻는 만족감과 가치는 무엇인가요?
- 우리가 존재하는 시장(분야)에서 사람들은 어떤 것들을 원하고 있나요? 그것을 우리만의 가치로 설정할 수 있을까요?
- 우리를 떠올렸을 때 사람들이 어떤 이미지를 상상했으면 좋겠나요? 그 이미지는 이 시장에서 우리를 지속 가능하게 해줄 수 있나요? 우리를 좋아하는 팬을 만들 수 있는 가치인가요?

이런 질문을 왜 던져야 할까요? 나를 알고 적을 알면 승리할 수 있어서? 아닙니다. 그런 직접적인 접근은 마케팅적 접근에 가깝죠. 그보다는 남들이 가지고 있지 않은 우리만의 가치를 정의하기 위해서입니다. 이 단계에서는 남들보다 나은 가치냐, 매력적인 가치냐 아니냐는 그리 중요하지 않을지 모릅니다. 그보다는 해당 가치를 전달하고 있는 브랜드가 이미 시장에 있는지에 더 초점을 맞춰야 해요.

예를 들어, 가격 경쟁력이라는 가치는 누군가에겐 매력적일 수 있습니다. 하지만 경쟁사가 우리보다 낮은 가격으로 시장에 들어온다면 어떻게 될까요? 그러니 가격만으로 차별화된 가치를 만들기는 어렵죠. 가격 이외에 통할 만한 가치, 사람들의 니즈를 집중적으로 찾아보면서 왜 지금 시점에 우리에게 브랜딩이 필요한지에 대한 명확한 답을 찾아야 합니다.

왜 이 시장에 진입했는가?

이는 우리 브랜드가 어떤 태생적 배경을 가지고 있는지를 파악하기 위한 질문입니다. 만약 우리 브랜드가 초기에 시장을 만들었다면 그 이유를, 그렇지 않다면 어떤 문제점들을 해결하기 위해서 이 시장에 진입했는지를 확인할 필요가 있습니다. 모두가 그렇다고 얘기할 수는 없지만 시장에 후발주자로 뛰어든 기업들은 이미 경쟁 기업들의 제품과 차별화되는 점을 무엇 하나라도 가지고 있을 확률이 높습니다. 아주 작은 차별점일지라도 말이죠. 차별점이 없이는 치열한 시장에서 살아남기가 쉽지 않을 테니까요. 바로 그 지점이 브랜드가 가진 남과 다른 가치라고 할 수 있죠.

하지만 기업이 성장하면서 기존에 갖고 있던 가치를 계속 유지하기란 쉽지 않습니다. 일단 시장에 성공적으로 안착했다면 이제는 비즈니스를 키우기 위해서 집중해야 할 일들이 많기 때문입니다. 예를 들어 방문자 수나 회원 수 늘리기, 매출 달성하기, 전환율 높이기 등이 그런 일들이죠. 여러 지표들을 생각하고 체크하고 개선하기도 하루하루 바쁠 거예요.

이럴 때일수록 기업이 어떤 가치로 시장에 안착했고 그 가치가 어떻게 유지되어왔는지, 또는 어떤 배경에서 이제는 그것을 더 이상 우리만의 가치로 볼 수 없는지 등을 생각해봐야 합니다. 그러면 그 가치가 여전히 우리의 경쟁력이 될 수 있는지 아닌지를 판단할 수 있을 것입니다.

기업의 탄생 배경을 이해하면, 우리 브랜드의 정체성을 정의하는 데 도움이 됩니다. 이를 바탕으로 우리만의 브랜드를 정의하고 차별점을 더욱 명확히 찾아나갈 수 있습니다.

시장에서 경쟁사는 어떻게 인식되고 있으며, 우리는 어떻게 인식되어야 하는가?

브랜딩은 인식의 싸움이라고 해도 과언이 아닙니다. 남들과 나를 구분 짓는 나만의 가치란, 결국 사람들이 우리를 생각했을 때 떠올려야 하는 기억이자 인식이기 때문입니다. 따라서 우리가 속한 시장에서 소비자들이 경쟁사들을 어떻게 인식하고 있는지 파악하고, 우리는 사람들에게 어떻게 인식되고자 하는지를 결정할 필요가 있습니다.

예컨대 자동차 시장에는 수많은 경쟁사가 각자 럭셔리, 디자인, 가성비의 인식을 나눠 가지고 있습니다. 그중 하나를 선택해 우리 브랜드의 인식으로 만들어야 할까요? 물론 그럴 수도 있습니다. 하지만 경쟁사가 가지고 있는 인식을 우리의 인식으로 바꾸기란 매우 어렵기에, 반드시 이 방법을 선택해야 하는 것은 아니죠. 경쟁사와는 다른 우리만의 새로운 인식을 만들면 그만큼 더 경쟁력이 있을 것입니다. 남들이 가지지 않은 인식이니 말입니다. 볼보가 안전이라는 키워드로 지금껏 브랜딩을 해온 것도 이런 이유일 거예요.

다른 예로 스포츠 시장을 보면요, 많은 브랜드가 나이키처럼 도전정신이나 스포츠맨십 등 강력한 정신적인 무언가와 연결되는 이미지를 만들려고 합니다. 이 와중에 우리 브랜드가 이 시장에 새로 진입한다고 가정해보죠. 어떤 인식을 만들 수 있을까요?

저는 웨이트 트레이닝을 꾸준히 하는데, 어느 날 신발을 사기로 마음먹었습니다. 평소 나이키를 좋아하는데도 저는 의외의 선택을 했습니다. 바로 언더아머를 구매한 거죠. 웨이트 트레이닝 영역에서는 더 전문적인 브랜드로 보였기 때문입니다. 이것 역시 '브랜드 인식'의 결과죠.

제 머릿속에 이런 인식이 쌓이게 된 계기가 있는데요. 언더아머가 미국의 프로 레슬러 출신 배우 드웨인 존슨$^{Dwayne\ Johnson}$을 모델로 기용하여 꾸준하게 웨이트 트레이닝을 중심으로 이미지를 만들어왔기 때문입니다. 언더아머 브랜드명이 적힌 옷과 신발을 착용하고 있는 탄탄한 근육질의 모델을 보고 있으면, 마치 저도 그렇게 될 것만 같은 희망과 되고 싶다는 욕망이 올라옵니다. 이런 브랜딩이 제가 언더아머를 선택하게 한 거예요. 언더아머는 나이키가 점유해온 도전정신이라는 키워드가 아닌 다른 브랜드가 집중하지 못했던 키워드로 저에게 각인된 것이죠.

브랜딩을 시작하는 단계에서는 경쟁사들에 대한 이미지를 파악한 후, 우리 브랜드는 어떤 인식을 만들 것인지 생각해야 합니다. 우리 브랜드가 남들과 다른 특별한 기능에 집중하여 제품을 생산한다면, 이것을 중심으로 하는 우리만의 인식을 만들 수 있을 것입니다. 만약 기능적으로 큰 차별점이 없다면 더더욱 새로운 인식이 필요할 것이고요.

미래의 우리 브랜드는 누가 사용하면 좋을까?

우리 제품을 사용하는 고객은 어떤 모습인지 상상해보는 것도 중요합니다. 즉 고객의 페르소나persona를 그려보는 작업이에요. 현재 우리 브랜드를 사용하고 있는 고객을 파악하는 일도 놓쳐선 안 되지만, 브랜딩을 하는 과정에서는 '앞으로 우리 브랜드를 사용할 사람들이 누구일지'를 생각해보는 것이 더 중요합니다. 이 과정을 거쳐야만 고객에게 어떤 인식, 경험을 줄 수 있을지를 좀 더 새로운 관점에서 정의할 수 있기 때문인데요.

여기서 말하는 '페르소나'는 단지 연령과 성별에 그치지 않습니다. 고객의 취향으로까지 나아가야 합니다. '우리 브랜드를 사용할 미래의 고객들은 어떤 라이프 스타일을 보이고, 어떤 성향을 지녔으며, 어떤 분위기와 감성을 좋아하는 사람이었으면 좋겠다'라고 정리하는 겁니다.

왜 여성과 남성, 나이 등의 인구통계학적 접근이 아니라 취향으로 접근하는 질문이 중요할까요? 단순히 성별, 소득수준, 교육격차 등의 요소로는 다양한 가치를 뽑아내기에 한계가 있기 때문입니다. 디테일하게 취향을 설정하면 그만큼 우리 제품 또한 다양한 방식으로 소개할 수 있게 되고, 궁극적으로는 더욱 정교한 브랜딩이 가능하게 됩니다.

같은 30대 중반 여성이라고 해도 선호하는 옷 컬러가 다를 수 있고, 비싸더라도 친환경 소재의 옷을 선호할 수도 있다는 이야기입니다. 또는 친구에게 선물할 때 고급스러움을 먼저 생각할 수도, 실용성을 더 중요시할 수도 있는 등 개인이 추구하는 가치는 세부적으로 다를 수 있고요.

얼마 전 F&B 영역에서 성공적인 브랜딩을 전개한 디렉터를 만났습니다. 디저트 브랜드를 담당하는 분이었는데, 이런 이야기를 하시더라고요. 처음 브랜딩을 담당했을 때 우리 브랜드는 어떤 감성적 경쟁력을 갖춰야 하는지를 생각했다고요. 사실상 맛있는 디저트 가게가 너무 많다 보니 '우리가 더 맛있다'고 얘기해봐야 소비자에게 어필되기는 힘들었다고 합니다. 또한 소비자마다 입맛이 모두 다르니 맛에 절대적인 기준이 있는 것도 아니고요. 그래서 앞선 질문을 파고들었고 다음의 결론을 내렸다고 합니다. 우리 브랜드를 이용하는 소비자는 '마음이 따뜻하고 밝으며 남들에게 선물하기를 좋아하는 사람들'이면 좋겠다고요.

이렇게 미래 사용자들의 페르소나를 정의하고 나니 브랜딩을 어떻게 전개해야 할지 방향이 또렷하게 정해졌다고 해요. 그래서 선물용 포장에 신경을 많이 쓰고, 정성스럽게 메시지 카드를 만들고, 브랜드 로고도 밝고 즐거운 분위기를 주기 위해 노력했다고 합니다. 그 브랜드는 요즘 가장 핫한 F&B 브랜드 중 하나로 성장했습니다.

고객에게 딱 하나의 기억만 남길 수 있다면?

대부분 일이 그렇지만, 브랜딩에서도 선택과 집중은 매우 중요합니다. 많은 것을 주려고 욕심을 부리면 소비자들이 혼란스러워할 뿐 아무것도 전달되지 않기 때문입니다. '우리는 이것을 잘한다', '이것도 좋다', '이 부분도 우리의 강점이다'라고 줄줄이 늘어놓는 것은 오히려 메시지를 분산시킬 수 있습니다. 볼보가 디자인, 성능, 다양한 라인업 중에서 '안전'이라는 키워드에 집중한 것도 그 때문이죠. 강력한 하나의 경험을 선택하고 결정하는 것, 다시 말해 수많은 가치 중에서 하나를 골라내는 것 또한 브랜딩 디렉터의 핵심 역량입니다.

- 우리 브랜드가 갖고 있는 장점이나 가치를 쭉 나열하면 몇 가지가 있나요?
- 우리 브랜드의 가치 중에서 잠재 고객들에게 딱 하나의 기억만 남길 수 있다면 무엇을 남겨야 할까요?
- 그 하나의 기억은 경쟁사와 우리 브랜드를 구분 지을 수 있는 경험인가요?

이런 질문들은 현재 우리 브랜드가 집중할 부분을 정할 수 있도록 해주며, 브랜드가 명확한 포지셔닝을 설정하고 일관된 경험을 전달하고자 할 때 도움이 됩니다.

사람들이 왜 우리 브랜드를 알아야 할까?

대부분 마케터는 브랜드를 알리려고 여러 가지 시도를 합니다. 그러나 관점을 바꿔서 왜 사람들이 우리 브랜드를 알아야 하는지 생각해보셨나요? 왜 우리 제품을 사용해야 하는지 고민해보셨나요? 그런 적이 없다면 지금이라도 진지하게 생각해봐야 합니다. '다른 제품보다 저렴한 가격 때문'처럼 가격 우위만이 경쟁력이라면 언제든 다른 브랜드로 대체될 수 있습니다. 그러니 이것만큼은 좋은 답변이 아니라고 할 수 있겠죠.

한편으로 이 질문을 이렇게도 바꿔볼 수 있습니다. '세상에 우리 브랜드가 존재하지 않는다면 사람들이 가장 아쉬워할 점은 무엇일까?' 저는 앞서 얘기한 대로 프라이탁 브랜드를 좋아합니다. 세상에서 프라이탁이 없어진다면 굉장히 아쉬울 것 같아요. 그만큼 그들의 탄생 과정이 저에게 멋있어 보이고 친환경적이면서 개성이 강한 디자인의 가방이 별로 없기 때문입니다.

볼보라는 브랜드가 없어져도 많이 속상할 것 같습니다. 가족의 안전과 연결되는 브랜드는 제 인식 속에서 볼보뿐이거든요. 젠틀몬스터^{Gentlemonster}가 없어져도 마찬가지일 겁니다. 한국을 대표하는 힙한 브랜드가 없어진다는 점에서도 그렇지만, 그들이 보여주는 웅장하고 실험정신 가득한 팝업스토어를 볼 수 없을 테니 말이죠.

파타고니아도 그렇습니다. 창업주가 소유 지분을 모두 비영리 재단에 기부하고 "Earth is now our only shareholder(이제 파타고니아의 유일한 주주는 지구입니다)"라고 얘기하는 등 환경에 친화적인 아웃도어 브랜드가 세상에 없기 때문이죠. 나이키가 없어진다면 슬플 것 같습니다. 학생 때부터 저에게 도전정신을 불어넣어 주던 브랜드의 대체재가 딱 떠오르지 않기 때문입니다. 물론 이 브랜드들이 없어진다면 또 다른 브랜드를 찾을 수밖에 없겠지만, 이들은 그 자체로 의미 있는 상징이었기 때문에 제 마음 한구석에 오래 남아 있을 거예요.

우리 브랜드가 없어졌을 때 누군가가 아쉬워하고 속상해 하고 슬퍼할 부분 역시 브랜딩을 시작할 때 생각해봐야 할 핵심적인 질문입니다.

브랜딩은 이런 고민에서 시작돼야 합니다. 어려운 작업이지만, 이 질문에 대한 답을 찾지 못한 채 성급하게 '제품 디자인을 바꾸자', '브랜드 캠페인을 하자', '소셜미디어 광고를 하자' 같은 방법을 진행한다면 만족스러운 결과를 얻지 못할 수 있습니다.

기본이라고 할 수 있는 여섯 가지 고민과 파생되는 질문들을 통해 우리 브랜드의 방향성을 어느 정도 찾았다면, 이 가치들을 기반으로 브랜딩 활동의 기준점을 정의할 수 있는데요. 저는 그것을 '핵심경험'이라고 부릅니다.

파트 2

핵심경험에 대하여

핵심경험을 찾는 것은 브랜딩의 방향을 결정 짓는 가장 중요한 과정입니다.

핵심경험은 단순한 개념이 아니라 브랜드의 정체성을 이루는 근간이며, 브랜딩을 어떻게 전개해 나갈지를 결정하는 기준이기 때문이죠.

핵심경험이 명확하게 정의되어 있어야, 이후의 브랜딩이 한 방향으로 뾰족하게 뻗어나갈 수 있습니다. 이것을 제대로 설정하지 않으면, 브랜드는 일관성을 잃고 고객에게도 분명한 인상을 남기기 어려워질 수 있거든요.

파트 2에서는 브랜드의 핵심경험이 무엇인지 개념을 정리하고, 그것을 잘 찾아내는 방법을 얘기합니다. 또한 다양한 브랜드의 사례를 통해 이 개념이 실제 브랜딩 전략에서 어떻게 구현될 수 있는지 살펴봅니다.

핵심경험이 어떻게 브랜드를 단단하게 만드는지, 함께 탐색해 보겠습니다.

01. ——————— 핵심경험이란

보통 마케터들은 제품과 브랜드를 홍보할 때 많은 요소를 넣으려고 합니다. '우리 제품은 이것이 좋고 저것이 좋다', '우리 브랜드는 이런 장점과 저런 장점이 있다' 식으로요. 하지만 앞서도 잠깐 언급했듯이 모든 것을 전달하려 하면 아무것도 전달되지 않는 법입니다.

따라서 많은 장점 중에 차별점 또는 우리 브랜드만이 가지고 있는 코어^{core} 기억을 설정하는 게 중요한데요. 이것이 바로 핵심경험이며, '사람들의 기억 속에 심어야 할 중요한 경험'이라 요약할 수 있습니다.

핵심경험을 찾는 과정은 굉장히 공을 들여야 합니다. 우리 브랜드 정체성의 가장 중요한 부분이자 앞으로 어떻게 브랜딩을 전개해나갈지에 대한 명확한 기준이 되기 때문입니다.

그런 점에서 핵심경험은 나무의 뿌리와도 같습니다. 뿌리가 땅에 단단히 박혀 있어야 기둥(기업의 브랜드 아이덴티티, 즉 정체성과 브랜딩 전략)이 튼튼하게 성장할 수 있고 기둥이 튼튼해야 가지들(브랜딩을 위한 다양한 활동)이 건강하게 뻗어나가듯, 핵심경험이 잘 정의돼야 브랜드 정체성을 정립할 수 있고 명확한 브랜딩 전략을 수립할 수 있습니다. 그리고 명확한 브랜딩 전략은 마치 가지처럼 다양한 브랜딩 활동으로 이어지죠. 그런 후에야 기업의 성장이라는 풍성한 열매를 수확할 수 있고요.

반대로, 핵심경험을 제대로 설정하지 못하고 브랜딩을 전개한다면 소비자들에게 우리의 일관된 모습을 보여줄 수 없습니다. 그러면 소비자들은 명확한 인식을 갖지 못하고, 브랜드는 쉽게 잊힐 거예요. 인식을 만들지 못하면 브랜딩에 들인 공이 허사가 되는데 기업 입장에서는 큰 손실이 되겠죠.

02. ──────────── 기능적 핵심경험

소비자에게 또렷한 무언가를 남겨야 한다면, 우리 브랜드에는 어떤 경험 요소를 만들어야 할까요? 핵심경험은 두 가지 방향에서 생각해볼 수 있습니다. 바로 기능적 핵심경험과 감성적 핵심경험입니다.

먼저 기능적 핵심경험에 대해 알아볼까요? '기능적'이라고 얘기할 때는 제품·서비스의 퀄리티, 기술력 등의 측면을 가리킵니다. 우리 브랜드와 제품이 경쟁사보다 더 우수한 기능 또는 경쟁사에는 없는 기능을 가지고 있을 때 기능적 핵심경험을 중심으로 브랜딩을 전개할 수 있죠. 물론 그 강점이 영원하지는 않을 수도 있습니다. 경쟁력이 있어 보인다고 하면 주변의 경쟁사가 바로 따라 하는 게 시장이기 때문이죠. 그럼에도 초반에 시장에서 존재감을 확보하기 위해서는 기능적 핵심경험이 정말 중요합니다.

기능적 핵심경험을 도출할 때는 앞서 소개한 다양한 질문이 도움이 됩니다. 그중에서도 '우리 브랜드는 왜 이 시장에 진입했는가?'라는 질문이 핵심이 될 수 있습니다. '고객에게 딱 하나의 기억만 남길 수 있다면?'이라는 질문도 중요합니다. '딱 하나', 바로 그것이 핵심경험이 될 테니까요.

기능적 핵심경험을 중심으로 브랜딩을 전개하여 시장에서 존재감을 만든 몇 가지 사례를 보겠습니다. 제 기준에서 보았을 때 기능적 핵심경험을 잘 전개한 대표적인 브랜드들이고요. 제가 직접 브랜딩을 진행했던 두 곳부터 살펴보겠습니다.

라운즈, 페인 포인트를 기술로 해결하다

라운즈는 온라인으로 아이웨어를 판매하는 커머스 브랜드입니다. '알집'으로 유명한 IT 기업인 이스트소프트ESTsoft가 기존 아이웨어 쇼핑몰을 인수하면서 탄생했는데요. 당시 시장에는 아이웨어를 구매할 수 있는 커머스 플랫폼이 매우 많았습니다. 전문 아이웨어 쇼핑몰뿐 아니라 종합몰, 온라인 편집숍에서도 아이웨어를 구매할 수 있었죠. 그래서 라운즈는 자사 앱에 남들이 가지고 있지 않은 기능을 하나 추가했습니다. 바로 스마트폰을 통해 실시간으로 안경을 써볼 수 있는 '가상피팅'이라는 기능이었고요. 이는 이스트소프트의 기술력으로 구현한 것입니다.

그렇게 라운즈는 실시간 가상피팅이라는 기능을 내세우며 출발했습니다. 하지만 사업을 전개해오면서 이 기능은 점점 마케팅 비중이 축소됐습니다. 시장이 호황을 맞아 가상피팅 기능을 내세우지 않아도 판매가 잘되었기 때문입니다. 그래서 실시간 가상피팅보다는 할인을 중심으로 한 마케팅에 비즈니스를 집중했습니다.

하지만 코로나가 전 세계를 강타하면서 아이웨어 시장 또한 불황을 맞게 됐습니다. 사람들이 외출을 하지 않으니 선글라스나 안경의 매출이 크게 감소했고, 그 때문에 할인 중심의 마케팅에 더 집중할 수밖에 없었습니다. 이런 악순환이 반복되는 상황에서 라운즈는 무엇을 할 수 있었을까요?

라운즈가 선택한 것은 브랜딩이었습니다. 여기서 제가 라운즈만의 핵심경험이라고 판단한 것은 당연히 실시간 가상피팅이었죠. 라운즈 외에도 몇몇 기업이 이 기능을 제공하고 있었지만 그들의 인지도 역시 매우 낮았고, 라운즈의 기술력, 즉 정교한 피팅력이 그들보다 좋다는 사실은 이미 내부의 여러 리서치를 통해서 스스로 검증했기 때문입니다.

더욱이 실시간 가상피팅은 기존 온라인 아이웨어 쇼핑의 페인 포인트pain point를 극복할 수 있는 기능이었습니다. 아이웨어는 옷과 달리 직접 얼굴에 써봐야 하는 제품입니다. 우리는 늘 그렇게 아이웨어를 쇼핑했죠. 따라서 온라인에서 제품 이미지만 보고 구매한다는 것은 익숙하지 않을 뿐 아니라, 직접 써보지 않았기에 막상 제품을 받았을 때 내 얼굴형과 어울리지 않거나 사이즈가 맞지 않는 경우가 태반입니다. 그래서 사람들은 오프라인 안경원을 찾는데요. 사실 아이웨어의 종류가 온라인보다 훨씬 적을뿐더러 그곳에 있는 아이웨어를 마음대로 모두 써볼 수도 없죠.

그런데 라운즈의 실시간 가상피팅 기술은 온라인에서 안경을 써볼 수 있어 내 얼굴에 어울리는지 직접 확인할 수 있을 뿐만 아니라, 라운즈에 입점한 수천 개의 안경을 누구의 눈치도 보지 않고 자유롭게 써볼 수 있게 해주었습니다. 온라인에서 아이웨어를 구매할 때의 불편한 점들을 모두 해결한 기술이었죠. 이것이 바로 라운즈의 핵심경험이자 사람들이 라운즈를 알아야 할 이유이며, 라운즈가 없다면 사람들이 가장 불편해할 점인 거죠.

라운즈는 이 기능을 중심으로 브랜딩을 전개했습니다. 우선 실시간 가상피팅 기능을 더욱 업그레이드했습니다. 이전에는 내부에서 비중을 높게 보지 않았던 기능이었지만, 이제 핵심경험으로 선언한 이상 이것이 우선이었죠. 그리고 서비스의 첫 경험 역시 기존 쇼핑몰의 화면에서 시작하는 앱의 첫 화면을 한시적으로 가상피팅을 먼저 경험할 수 있는 화면으로 과감히 개편했습니다. 누구나 라운즈를 시작할 때 이 핵심경험을 먼저 접해보게 하기 위해서입니다. 이렇게 핵심경험을 새롭게 선언하고 이를 중심으로 모든 것을 바꿔나갔습니다. 커뮤니케이션 방식도 바꿨는데요. 기존에는 할인 중심의 퍼포먼스 마케팅에 집중했다면, 이제는 실시간 가상피팅을 알리는 쪽으로 전환했죠.

그러자 서서히 고객들의 반응이 올라오기 시작했습니다. 많은 이들이 라운즈를 통해 이 신기한 기능을 경험해본 거예요. 앱 다운로드 수와 접속자 수가 폭발적으로 늘었고 앱 내에 수많은 긍정적인 리뷰가 달렸고요. 이전 대비 최소 열 배

이상의 접속이 이루어지기 시작했습니다. 이전에는 전무하다시피 했던 브랜드 인지도 역시 점점 올라갔습니다. 내부에서도 이런 현상에 많이 놀랐고요.

그러던 중 앱스토어 '오늘의 앱'에 선정되면서 더 많은 고객이 몰려들었고 자연스럽게 매출도 증가했습니다. 이후 라운즈는 이 기능을 중심으로 모든 커뮤니케이션을 전개하면서 아이웨어 커머스 내에서 입지를 공고히 다졌습니다.

29CM, 스토리텔링으로 새로운 형태의 커머스를 만들다

29CM는 국내 유명 온라인 셀렉트숍으로 의류부터 생활용품, 뷰티 제품을 판매하고 있습니다. 온라인 편집숍은 많기도 정말 많은데요. 그런 시장에서 29CM는 커머스 경쟁사와 차별되는 어떤 가치를 만들었을까요? 바로 '스토리텔링'이라는 핵심경험입니다. 29CM가 시장에 진입할 당시 온라인 커머스 기업들은 대부분 두 가지 기능에 집중했습니다. 하나는 상품 수, 또 하나는 가격이었죠. 이는 너무나 당연합니다. 많은

상품을 경쟁력 있는 가격에 판매한다는 것은 커머스의 핵심과도 같으니 말이에요.

하지만 당시 29CM는 인지도가 낮을뿐더러 규모가 작은 스타트업이었기 때문에 경쟁사들 대비 상품의 수도 적었고 가격 경쟁력도 갖추지 못한 상태였습니다. 이런 상황에서 29CM는 어떤 브랜딩으로 29CM만의 가치를 만들 수 있었을까요?

29CM는 타 커머스와 구분 지을 자신만의 경쟁력을 찾아야 했습니다. 그리고 '다양한 국내외 브랜드가 가지고 있는 그들만의 이야기를 고객들에게 잘 전달하는 것'에서 브랜드만의 차별점을 찾았습니다.

예를 들어 슈퍼잼Super Jam이라는 영국의 잼 브랜드가 있습니다. 이 브랜드는 프레이저 도허티Fraser Doherty라는 한 소년의 이야기에서 시작되는데요. 당시 영국의 잼 브랜드들은 대부분 설탕이 많이 들어간, 어찌 보면 건강에 그리 좋지 않은 잼을 판매하고 있었습니다. 그 가운데 도허티는 설탕이 들어가지 않은 순수 과일의 당만으로 이루어진 할머니의 잼이 떠올랐고, 그 레시피를 배웠습니다. 그리고 이를 가능성 있는 아이템으로 판단하고 '설탕을 사용하지 않은 100% 천연 과일잼'

이라는 스토리로 잼 브랜드를 론칭했습니다.

  시간이 지나자 입소문이 퍼지면서 슈퍼잼은 건강한 잼으로 인식됐고 많은 사람의 사랑을 받게 됐습니다. 어떤가요? 일반적으로 슈퍼잼이라고 하면 그냥 잼 브랜드의 하나라고 생각하겠지만, '건강한 잼' 스토리를 알고 나면 다른 잼보다는 이 잼을 한번 먹어보고 싶은 마음이 생길 겁니다.

  29CM는 이렇듯 남들과 다른 우리만의 가치를 스토리텔링에서 발견했습니다. 모두가 상품 수와 가격에 집중할 때 29CM는 스토리텔링을 중심으로 브랜딩을 전개한 것이죠. 당시에는 타사의 온라인 페이지와 앱이 한 화면에서 많은 상품을 보여주었는데요. 이에 비해 29CM는 하나의 브랜드와 그와 관련된 이야기 또는 우리만이 생각하는 가치를 글로 풍성하게 풀었습니다. 그러면서 사람들에게 색다른 경험을 전달하고 이를 중심으로 한 브랜딩을 전개해나갔습니다. 29CM의 'Guide to Better Choice(사람들의 더 좋은 선택을 돕는다)'라는 브랜드 미션도 스토리텔링을 중심으로 설정한 것입니다.

  이 스토리텔링이 바로 29CM의 핵심경험입니다. 실제로 우리 뇌는 스토리텔링 방식에 놀라울 정도로 반응한다고 하는데요. 사람들의 이야기를 들을 때 뇌가 활성화되는 동시에 감정에도 호소가 되어서 그런다고 합니다. 이처럼 스토리텔링 방식이 사람들의 좋은 반응을 얻자 많은 커머스 기업이 이를 조금씩 차용하기 시작했습니다. 29CM의 스타일로 자사 앱과 웹페이지를 개편하는 곳도 생겨났고요.

또한 29CM만의 핵심경험과 그것을 중심으로 전개한 브랜딩이 경쟁사들의 레퍼런스가 되면서 자주 언급되기 시작했죠. 스토리텔링을 먼저 적용한 기업답게 경험은 더욱 정교하고 풍성해져서 어느새 감각적이고 감성적인 국내 온라인 편집숍의 대표주자가 됐습니다.

슈퍼말차, 단 하나의 카테고리에 집중하다

대중적인 차^{tea} 중에 하나인 말차抹茶 하면 떠오르는 브랜드가 있나요? 저는 슈퍼말차$^{Super\ matcha}$라는 브랜드가 바로 떠오릅니다. 어느새 저에게 슈퍼말차는 '말차'라는 명사와 자연스럽게 연결되는 대표적인 브랜드가 됐습니다.

슈퍼말차는 2017년 론칭한 국내 차 브랜드입니다. 이들은 국내에서 커피만큼은 아니지만 그래도 큰 시장을 형성하고 있는 차 시장에 주목했습니다. 슈퍼말차가 차 시장에 뛰어들 때 당연히 많은 경쟁사가 있었을 거예요. 그런데 어떻게 차별화된 가치를 만들었을까요? 바로, 말차라는 하나의 차 종류에만 집중한 것입니다.

세상에는 수많은 차 종류와 브랜드가 있지만 차라는 카테고리를 선점하기란 쉽지 않습니다. 범위가 넓기도 하고 홍차부터 시작해서 녹차, 식수용 대용차까지 정말 다양한 차가 있기 때문입니다. 그런데 차라는 카테고리에서 국내의 차 종류는 대중의 인식상 해외만큼 광범위하지도, 전문적이지도 않습니다. 그 와중에 국내는 고급 차 시장과 저가 티백 시장으로 카테고리가 양극화되어 있기도 했죠.

슈퍼말차는 대중을 위한 차, 그중에서도 많은 사람들의 입에 익숙한 말차에 집중해서 말차 브랜드인 슈퍼말차로 이 시장에 진입했습니다. 기본적인 말차에 이어 초코 맛을 첨부한 '코코 말차', 코코넛이 들어간 '코코넛 말차', 식혜 맛을 구현한 '그랜드 말차' 등 다양한 제품을 출시했고요. 말차를 중심으로 브랜드를 알리기 시작한 결과 말차를 좋아하는 사람들의 반응을 단기간에 얻을 수 있었습니다. 그리고 서서히 팬층

을 넓혀가면서 시장에 성공적으로 안착했습니다.

그렇다면 이들의 핵심경험은 무엇일까요? 바로 '다양한 말차의 경험'입니다. 이렇게 인지도를 쌓은 슈퍼말차는 국내 차 브랜드 최초로 영국 해로즈Harrod's 백화점에 입점하는 쾌거를 거두기도 했습니다. 여기서 브랜딩의 시작점에서 해야 할 질문을 적용해보겠습니다. 사람들은 왜 슈퍼말차를 알아야 할까요? 국내에서 다양한 말차 제품을 제공하는 대표적인 브랜드로 자리 잡으며 상징성을 만들었기 때문입니다.

당근마켓, 중고 거래 시장을
누구나 이용하는 우리 동네 장터로

요즘은 중고 거래가 활발히 이루어지고 있지만, 2015년 당근마켓이 등장하기 전만 해도 중고 거래 시장은 폐쇄적이었습니다. 새 제품이 아닌 중고 상품을 판매하는 터라 시장의 한계가 명확하다는 점도 있었죠. 중고나라 또는 카페와 같은 커뮤니티를 중심으로 거래됐는데, 그 과정에서 신뢰를 보장할 수 있는 도구가 약했기 때문에 사기와 같은 불미스러운 사건이 발생하기도 했습니다.

최근 들어 중고 시장 규모는 나날이 커지고 있는데요. 한국인터넷진흥원이 발표한 자료에 따르면 2020년 20조 원이었고, 2023년에는 30조 원대를 넘어섰다고 합니다. 저는 이 시장을 키운 주인공이 온라인 중고 거래 사이트 당근마켓이라고 봅니다.

당근마켓은 기존 커뮤니티 기반 중고 거래를 다양한 시도를 하며 수면 위로 끌어올렸습니다. 중고 거래는 폐쇄적으로 이루어져야 한다 또는 이루어져 왔다는 공식을 과감히 깨고 지역을 기반으로 다양한 거래를 할 수 있는 앱을 출시했습니다. 중고 거래라는 형태의 시장을 내가 사는 지역을 기반으로 한 동네 장터라는 개념으로 새롭게 접근한 거예요. 그리고 이 과정에서 실명인증과 평판 시스템을 도입하여 기존 중고 거래의 취약점이었던 신뢰성도 얻을 수 있었습니다.

자신에게 필요 없는 물건을 무상으로 제공하는 '무료나눔' 코너도 동네 장터라는 이미지를 만드는 데 한몫했다고 생각합니다. 즉 우리 동네 마켓이라는 공동체적 특징과 친근함을 잘 활용하여 서비스 성장을 이끌었다고 볼 수 있습니다. 그리고 이런 친근함을 잘 표현하기 위해서 '당신 근처의 마켓'이라는 서비스명에서 따온 '당근마켓'이라는 브랜드와 실제 당근 이미지를 사용해 커뮤니케이션을 해오고 있죠.

내가 사는 지역 주변에서 올라오는 다양한 중고 제품을 실시간으로 쉽게 볼 수 있고, 그 안에서 그들만의 고유한 문화를 만들기도 했습니다. 중고 거래하는 당사자를 알아보기 위한 '당근이세요?'라는 인삿말로 하나의 문화를 만든 것이죠.

이처럼 당근마켓은 '신뢰할 수 있는 우리 동네 중고 장터'라는 핵심경험으로 남들과 구별 짓는 자신만의 가치를 형성했습니다. 그리고 이 핵심경험을 알리기 위해서 다양한 커뮤니케이션을 전개했어요. 물론 입소문이 가장 큰 역할을 한 것도 사실입니다.

 만약 당근마켓이 지구상에서 없어진다면 사람들이 가장 불편해할 점은 무엇일까요? 당연히 믿을 만한 동네 중고 장터가 없어지는 것이겠죠. 마땅한 대안이 떠오르지 않을 테니까요. 이것이 당근마켓의 기능적 핵심경험입니다.

케이스티파이, 스마트폰 케이스에 스타일을 더해 새로운 시장을 만들다

소중한 스마트폰을 보호하기 위해서는 무엇이 필요할까요? 당연히 케이스죠. 이제는 스마트폰 규모만큼 스마트폰 케이스의 시장 규모도 굉장히 커졌습니다. 단순히 외부 충격으로부터의 '보호' 의미가 강했던 스마트폰 케이스는 최근 '나의 개성'을 보여주는 패션 아이템으로 여겨지고 있는데요. 컬러감이 화려한 것부터 멋진 켈리그라피가 그려진 케이스, 게다가 반짝이는 보석이 붙여진 디자인까지 종류가 다양합니다.

 그렇다면 패셔너블한 케이스를 찾고자 할 때 보통 어떤 브랜드가 떠오르시나요? 전 글로벌 테크 액세서리 브랜드 케이스티파이CASETiFY를 떠올립니다. 케이스티파이는 기능에만 집중하던 스마트폰 케이스에서 한발 더 나아가 패션 아이템으로 접근하면서 기존 케이스 시장을 확장했습니다. 디자인 종류만 해도 거의 2,000가지가 넘는다고 하고요. 이 자체가 바로 케이스티파이의 핵심경험인 셈입니다.

케이스티파이는 '스마트폰 케이스의 패션 아이템화'라는 핵심경험에 맞게 정말 상상 이상의 다양한 제품을 내놓고 있습니다. 기본적인 디자인을 확장하여 그래픽 아티스트 등 다양한 아티스트와 적극적으로 협업하기도 하고요. 아티스트를 넘어서는 코카콜라Coca-cola, DHL, 월트디즈니Walt Disney 등 글로벌 브랜드와 협업하여 새로운 디자인의 케이스를 출시하고 있습니다. 핵심경험을 바탕으로 스마트폰에서 다양한 IT기기, 즉 아이패드는 물론 애플워치 케이스까지 계속 시장을 넓혀가고 있죠. 이렇게 케이스티파이는 케이스 시장에서 패셔너블함으로 브랜드의 입지를 다졌습니다.

이들이 전개하는 브랜딩은 명확합니다. 철저히 핵심경험을 중심으로 해서 최대한 다양하고 개성 있는 케이스를 만드는 데 집중하는 것입니다. 만약 이 브랜드가 세상에서 없어진다면 사람들이 가장 불편을 느끼고 아쉬워할 부분은 무엇일까요? 케이스티파이가 새로운 시장을 만든 이후 다양한 브랜드가 이 시장에 진입했습니다만, 많은 사람이 지금까지도 패셔너블한 스마트폰 케이스라고 하면 케이스티파이를 떠올리죠. 그러므로 이 브랜드가 없어진다면 스마트폰을 보호할 수 있는 케이스가 사라진다는 것이 아니라 내 스마트폰을 꾸밀 패셔너블한 케이스 브랜드가 사라졌다는 데 더 아쉬움을 느낄 것 같습니다.

03. ─────── 기능적 핵심경험을 찾는 실마리

앞서 기능적 핵심경험을 설명하는 부분에서 언급한 내용이 있지만, 한 번 더 정리하고 가겠습니다. 브랜드의 핵심경험을 찾는 시작점에서는 기능적 핵심경험을 우선적으로 고민하는 것이 좋습니다. 우리 브랜드가 기능적으로 시장에서 어떤 강점을 가지고 있으며 어떻게 존재감을 어필해야 할지가 매우 중요한 문제이기 때문입니다.

이를 브랜딩 측면에서 이야기했지만, 한편으로는 시장에서 어떤 우위를 선점할지 또는 어떤 포지션으로 우리만의 강점을 드러낼지와 같은 비즈니스적 관점과도 직접적으로 연결될 수 있습니다. 기능적 핵심경험을 찾는 힌트 몇 가지를 살펴보면 다음과 같습니다.

첫째, 기능적 핵심경험을 찾을 때는 우리 제품과 서비스를 먼저 정확히 이해해야 합니다. 어떤 기능을 가지고 이 시장에 진입했는지, 현재 그 기능의 퀄리티는 경쟁사 대비 어느 정도 수준인지, 소비자의 반응은 어땠는지 등 현실적인 부분을 체크해야 합니다. 그래야 우리 제품과 서비스 안에서 어떤 기능들이 남들과 다른 경험을 줄 수 있을지를 가늠할 수 있거든요. 하지만 의외로 이를 간과하는 경우가 많습니다. 브랜딩을 오로지 감정과 이미지의 연결로만 생각하기 때문인데요. 남들과 나를 구분 짓는 나만의 가치는 감성이나 이미지에서만 나오지 않습니다.

오히려 소비자가 우리를 어떤 기능을 가진 브랜드로 인지하는지가 더 직관적이고 명확하죠. 그러니 우리 브랜드가 무슨 기능으로 고객에게 어필할 수 있을지를 찾아보기 바랍니다. 그 연장선에서 경쟁사 제품과 우리 제품의 공통점과 차별점을 정리해보세요. 차별점 중에서 경쟁사가 따라 하기 힘든 기술적인 부분이나 경쟁사가 놓치고 있는 우리만의 기능이 있는지 등을 면밀히 검토해보기 바랍니다.

둘째, 브랜드의 약점을 정확히 파악하는 게 중요합니다. 이는 강점에 집중하기보다 약점을 보강하라는 말이 아닙니다.

우리가 경쟁사보다 부족한 것이 무엇인지를 알아야 경쟁사 대비 강한 것이 무엇인지를 더 확실하게 찾아낼 수 있기 때문입니다. 우리만의 강점이 없다면 어떻게 해야 할까요? 그럴 때는 무엇을 우리만의 기능적 핵심경험으로 키울지 고민해 봐야 합니다.

현재 경쟁사와 비교했을 때 기능적인 면에서 월등하지 않더라도, 앞으로 우리가 키워야 하는 기능적 강점이 있는지 점검해보세요. 우리의 많은 기능 중 놓치고 있는 것은 무엇인지, 소비자에게 어떤 부분을 다시 어필할 수 있을지, 그것을 어필했을 때 소비자들이 얼마나 매력적으로 느낄지 등을 말이죠.

셋째, 기능적으로 차별화 포인트를 찾을 수 없는 브랜드라면, 남들이 가지고 있지 않은 새로운 기능을 검토해보기 바랍니다. 시장에 반향을 일으킬 정도로 대단하거나 그 규모가 크지 않아도 좋아요. 시장에서 활성화된 기능이 아닌 동시에 고객들에게 편의를 줄 수 있는 기능이라면, 이를 중심으로 브랜딩을 전개하는 것 역시 생각해볼 수 있다는 말입니다.

예를 들어 스타벅스^{Starbucks}의 사이렌 오더$^{siren\ order}$를 생각해보면 이해하기 쉬운데요. 스타벅스는 애플리케이션을 통해 미리 음료를 주문하고 결제까지 완료할 수 있게 했습니다. 그리고 바리스타가 커피를 다 만들었을 때 고객이 커피를 가져갈 수 있도록 앱 알람이 울리는데요. 이게 바로 사이렌 오더라는 기능입니다. 커피 전문점의 기능적 핵심경험은 커피 원두의 퀄리티와 맛이라는 생각이 지배적이죠. 하지만 부수적인 기능을 개발해 브랜드를 어필한 사례입니다. 스타벅스처럼 신선한 경험을 제공하기 위해서는 브랜드가 속한 산업군의 전통적인 경쟁력은 무엇인지에 대한 생각에서 한 번쯤은 벗어나 보는 것도 필요합니다.

넷째, 고객 피드백에 적극적으로 귀를 기울이는 방법입니다. 실제 고객들의 피드백은 우리 제품이나 서비스가 어떤 점에서 가치를 주는지 또는 아쉽거나 개선이 필요한 부분은 무엇인지 알려주는 중요한 자료인데요. 피드백을 통해 고객들이 느끼는 실제 경험을 파악하고, 이를 바탕으로 기존 기능을 더 보강하거나 새롭게 개발할 수 있습니다. 고객의 목소리는 브랜드가 성장하는 데 중요한 방향성을 제시해주기도 하죠.

이런 생각들이 우리 브랜드의 기능적 핵심경험을 찾고 설정할 수 있는 실마리가 됩니다. 중요한 점은 나만의 가치를 창출하는 것이며, 이를 통해 시장에서 경쟁사와 차별화된 브랜드로 자리매김할 방법을 찾을 수 있을 것입니다.

04. ──────────── 감성적 핵심경험

기능적 핵심경험이 우리 브랜드가 가진 기능적 차별점이라고 한다면 감성적 핵심경험은 우리 브랜드만이 가진 감성적 차별점을 의미합니다. '감성'이란 우리가 어떤 자극에서 느끼는 것들을 이야기하죠. 인간이 오감을 이용해서 받아들이는 감각이라고도 합니다. 브랜드 자체에 대한 분위기, 스타일, 감정 등이 여기에 속할 수 있으며, 그 브랜드를 생각했을 때 떠오르는 감성적 이미지를 말하는데요.

그럼 감성적 핵심경험이 왜 필요할까요? 초반에 얘기한 것처럼 기술은 시간이 흐름에 따라 상향 평준화됩니다. 한 브랜드가 어떤 기능에서 우위를 가지고 시장에 진입해(기능적 핵심경험) 이를 중심으로 브랜딩을 진행한다면 사람들의 시선을 주목시킬 수 있습니다. 그 기능이 사람들이 이 브랜드를 알아야 할 이유를 제공한다면 경쟁사에서도 그 기술을 도입할 확률이 높습니다. 해당 브랜드가 기술이나 법적으로 독점하고 있는 기능이 아니라면 말이죠. 여러 기업에서 이것을 도입하면 그 기능은 보편화되고 시장에서 더는 특정 브랜드의 고유한 기능으로 얘기할 수 없는 상황이 되어버립니다. 선도했다는 타이틀은 가지겠지만(물론 이것도 중요합니다) 자사만의 강점이라고 얘기하기는 힘든 상황이 될 수 있는 겁니다.

앞서 예로 들었던 라운즈와 29CM의 사례를 다시 생각해 봅시다. 라운즈의 실시간 가상피팅은 증강현실 기술이 적용됐기 때문에 경쟁사가 쉽게 따라 하기는 힘들죠. 따라서 라운즈가 이 기능을 핵심경험으로 정의하고 이를 알리는 데 주력하는 것은 좋은 방식이었습니다. 하지만 29CM의 스토리텔링 방식은 어떨까요? 복잡한 IT 기술이 필요한 것은 아니기에 다른 기업에서 쉽게 적용할 수 있는 방식입니다. 따라서 29CM가 스토리텔링으로 시장에서 주목을 받자 너도나도 따라 하게 됐죠.

슈퍼말차는 어떤가요? 말차 시장에 집중했지만, 말차라는 제품은 누구의 전유물이 아니죠. 다른 곳에서도 말차를 이용한 상품을 많이 내놓을 수 있고, 만약 자본력이 좋은 대기업이 나선다면 슈퍼말차로서는 더 위험한 경쟁 상황에 처할 수도 있습니다.

여기서 브랜드가 가져가야 할 것이 감성적 핵심경험입니다. 감성적 핵심경험이란 우리 브랜드만의 감성을 정의하고 만드는 일을 말합니다. 다시 말해 브랜드의 이미지와 개성을 만들어가는 일이죠. 수많은 경쟁사 가운데 우리의 존재감을 기능적으로만 전달하는 데 한계가 있을 때, 감성적 핵심경험이 큰 역할을 합니다.

가장 쉽게 생각할 수 있는 예가 애플Apple입니다. 애플은 아이폰·맥북·에어팟 등 시장을 넘어 세계를 선도하는 제품들을 만드는 기업이지만, 그럼에도 이 시장 또한 경쟁이 치열하죠. 애플은 1984년에 첫 번째 맥컴퓨터를 출시했습니다. 이 맥컴퓨터는 '매킨토시Macintosh'란 이름으로 세상에 나왔고, 당시로서는 혁신적인 GUIGraphical User Interface를 제공해 사람들의 주목을 받았어요.

기존의 텍스트 기반이었던 컴퓨터와 달리, 아이콘과 마우스를 사용해 직관적으로 컴퓨터를 조작할 수 있었죠. 하지만 당시 마이크로소프트 윈도가 탑재된 PC와의 시장 점유율 격

차는 좀처럼 줄지 않았습니다. 기능의 차이는 있을 수 있지만, 각자 강점이 있기 때문에 시장점유율에서 우위를 점하기는 쉽지 않았을 것입니다. 이런 상태가 꽤 오래 지속되었습니다.

이에 애플은 이 시장에서 자신들의 기능적 핵심경험 외에 감성적 핵심경험을 내세웁니다. 애플을 사용하는 사람은 마이크로소프트를 사용하는 사람과는 다른 사람들이라는 인식을 강조한 거죠. 애플 제품을 사용하는 사람은 '더 크리에이티브한 사람'이라는 이미지가 그것입니다.

이는 한때 애플이 전개했던 MAC and PC 캠페인에서도 직관적으로 잘 드러납니다. 애플의 맥을 사용하는 이는 자유분방하고 크리에이티브한 사람으로 포지셔닝한 반면, 일반 PC

를 이용하는 사람은 양복을 입고 고리타분하며 답답하기까지 한 사람으로 표현됐죠. 이 캠페인은 다양한 일화로 구성되어 있는데, 맥을 사용하는 사람은 PC를 사용하는 사람과 다르다는 모습을 일관되게 보여줍니다. 이를 보면 누구도 일반 PC를 사용하는 사람처럼 되고 싶지 않게 했어요. 이것이 애플이 고객들에게 전달하고 싶었던 감성적 핵심경험입니다.

이제 국내외 시장에서 감성적 핵심경험을 중심으로 브랜딩을 전개한 사례들을 소개해 보겠습니다.

배달의민족만의 B급 유머코드

국내 브랜드 중 감성적 핵심경험을 가장 잘 전달한 브랜드의 사례는 아직까지도 배달의민족(이하 배민)이 아닐까 합니다. 배민은 2011년에 등장했고, 앱 배달 시장을 개척한 선구자적인 브랜드입니다.

당시 사람들은 앱을 통해서 음식을 주문하는 데 익숙하지 않았지만, 그 편리함 덕에 시장이 급성장했죠. 여기서 문제가 생겼습니다. 시장이 성장하니 다양한 브랜드가 따라서 배달 앱을 내놓은 것입니다. 앱으로 음식을 주문하는 것이 배민의 아이디어인 것은 맞지만 배민만이 가지고 있는 기술은 아니다 보니, 배민과 같은 방식으로 다양한 브랜드가 시장에 진입했습니다.

가장 대표적인 것으로 요기요와 배달통이 있고, 그 외 다양한 배달 앱이 나왔습니다. 이제 잊혔지만 심지어 정부에서도 배달 앱을 내놓았죠. 수많은 경쟁자가 등장하는 바람에 배민은 위기를 느끼게 되었습니다. 음식점이 한 브랜드의 서비스만 이용하는 것이 아니기 때문에 이 시장에서는 차별화라는 것도 큰 의미가 없었죠.

이 시점에 배민은 독특한 브랜딩을 전개했습니다. B급 유머코드를 감성적 핵심경험으로 활용한 것입니다. 이런 감성에 어울리는 '한나체'라는 폰트를 개발한 후 다양한 B급 유머코드를 전개했어요. 우선 배민문방구라는 것을 열고 재미있는 굿즈를 출시했습니다. '덮어놓고 긁다 보면 거지꼴을 못 면한다'라는 카드케이스부터 '다 때가 있다'라는 제목의 때수건 등이 대표적인 예입니다.

그리고 잡지 테러라고 하는 재미있는 브랜딩을 진행하는데요. 다양한 잡지에 광고를 시작하는데, 기존에 보던 광고가 아니라 말 그대로 잡지의 성격을 겨냥한 테러(?)를 집행합니다. 〈머슬앤피트니스Muscle & Fitness〉라고 하는 운동 잡지에는 '머슬 위한 치킨인가'라는 피식 웃음이 나오는 광고를 집행하고, 〈올리브매거진코리아olive Magazine Korea〉라는 음식 잡지에는 '고기맛이 고기서 고기지'라는 카피의 광고를 내보냈습니다. 〈나일론NYLON〉이라는 패션 잡지에는 '패션의 완성은 튀김옷'이라는 문구의 지면 광고를 진행하고, 디자인 잡지에는 '잘 먹고 한 디자인이 때깔도 좋다'라는 광고를 합니다. 너무 재밌죠?

배민만의 B급 유머코드는 배민신춘문예라는 이벤트로 그들의 감성적 코드를 더 확장하는데요. 음식을 주제로 시를 짓게 한 것입니다. 정말 다양하고 기발한 웃음 코드가 여기서 터지기도 했습니다. '아빠 힘내세요. 우리고 있잖아요. -사골국물-', '치킨은 살 안 쪄요. -살은 내가 쪄요-'와 같은 많은 사람이 한 번은 들어봤을 법한 음식을 주제로 한 웃긴 문장들이 다 여기서 탄생한 거예요. 이렇게 배민은 그들의 핵심경험을 많은 사람에게 전파했습니다. 이처럼 경쟁사들이 가지지 못한 배민만의 감성적 영역을 통해서 다른 배달 앱과 자신을 구분 짓는 배민만의 가치를 만들었습니다.

희녹의 순수한 자연 감성

희녹이라는 브랜드를 아시나요? 100% 제주 편백 탈취 정화수로 섬유 탈취제를 만드는 브랜드입니다. 섬유 탈취제는 정말 많은 제품이 있습니다. 페브리즈처럼 이미 시장을 점유하고 있는 해외 제품들도 많고요. 심지어 다이소 같은 곳에서도 저렴한 제품의 섬유 탈취제를 판매하고 있습니다. 제조와 생산에 진입 장벽이 높지 않은 제품이기 때문입니다. 희녹 제품을 100% 제주 편백 탈취 정화수라는 좋은 재료로 만들었다고 해도, 그것만으로는 소비자에게 어필하기 힘들죠. 시중의 많은 섬유 탈취제가 자신들의 좋은 성분을 강조하니까요.

여기서 희녹은 다른 포인트에 집중했습니다. 보통의 탈취제는 기능적으로 사용하는 제품일 뿐 그리 예쁘지 않습니다. 소위 감성이라는 것이 없는데요. '어떻게 하면 탈취제에 감성을 넣을 수 있을까?' 고민을 했고, 자신들의 제품을 푸른 숲을 연상시키는 순수한 자연의 느낌으로 연결합니다. 희녹의 브랜드와 제품의 키 컬러가 딥 그린$^{\text{deep green}}$인 이유가 바로 이것입니다.

게다가 희녹은 자사 브랜드를 생활용품 브랜드가 아니라

라이프 에티켓 브랜드로 명명했습니다. 보통은 섬유의 안 좋은 냄새를 제거하기 위해 탈취제를 사용하는데, 이를 뛰어넘어 섬유의 향기는 나와 타인의 삶을 위한 에티켓이라고 하는 새로운 감성의 카테고리를 만든 것입니다.

저는 희녹의 제품을 선물로 자주 받았습니다. 그 이유는 무엇일까요? 그저 일상용품일 따름이지만, 브랜드에 희녹만의 핵심경험을 추가해 더 순수하다는 이미지, 에티켓이라는 의미를 담았기 때문에 내가 쓰기도 좋지만 선물하기도 좋은 브랜드가 된 것입니다. 제가 섬유 탈취제를 선물로 받은 것은 희녹이 유일합니다. 이처럼 희녹은 어찌 보면 뻔하디뻔한 섬유 탈취제 시장에서 그들만의 핵심경험을 중심으로 브랜드라고 볼 수 있습니다. 그리고 점차 매출이 성장하면서 라인업을 조금씩 넓히고 있습니다. 현재는 일본에도 진출했다고 하네요.

리퀴드데스의 도발과 파격

리퀴드데스Liquid Death는 그 흔한 생수를 판매하는 브랜드입니다. 앞서도 말했듯이 물맛을 정확히 구분하는 사람은 거의 없습니다. 무색, 무취, 무미가 특징이니까요. 그렇기에 여러 생수 브랜드가 존재하는 와중에 새로운 브랜드를 들고나온다는 것은 여간 어려운 일이 아닙니다. 제품만으로는 경쟁력을 확보하기가 힘들기 때문이죠. 그런데 요즘 생수 시장의 신규 브랜드 리퀴드데스가 주목받고 있습니다.

2024년 칸 라이온즈라는 글로벌 광고 어워드 행사에서 리퀴드데스의 CEO 마이크 세사리오Mike Cessario는 이런 말을 했습니다. 제품의 광고를 제작할 때 사람들이 건너뛰거나 무시하는 광고가 아니라 재미있고 독특한 엔터테인먼트로 접근했다고 말이죠. 이게 무슨 얘기일까요?

2019년 론칭한 리퀴드데스는 깨끗함이나 원산지 등을 강조하는 보통의 생수 브랜드와는 전혀 다릅니다. 마치 탄산음료나 맥주처럼 생수를 캔에 넣어 판매합니다. 이름부터 'Liquid Death'로 상당히 파격적이죠. 패키지에 해골 그림이 그려져 있기까지 합니다. 순수함과 깨끗함을 강조하는 일반적인 생수 브랜드의 이미지와는 철저히 정반대로 가고 있습니다.

이들은 어떤 브랜딩을 전개하고 있을까요? 무척 파격적이면서 재밌습니다. 우선 'Murder Your Thirst(갈증을 죽여라)'라는 카피를 사용하는데, 광고에 'Murder'라는 단어가 쓰일 줄 누가 상상이나 해봤을까요? 그리고 PPL$^{\text{Product Placement}}$도 남다르게 진행합니다. 일반적인 드라마나 영화가 아닌 좀비 영화 〈아미 오브 더 데드〉의 PPL을 진행한 것이죠. 여기서 이들의 생수를 노출시키는 방식도 독특했는데요. 단지 목이 마를 때 찾는 제품이 아닌 영상 속에서 좀비를 무찌르는 무기처럼 활용한 것입니다. 누구나 예상할 만한 평범한 방식의 PPL이 아니었습니다.

또한 모두가 알 법한 유명 셀럽을 기용하는 대신 미국 성인 영화 배우를 광고 모델로 섭외한 것도 마찬가지입니다. 그들이 집행하는 광고 영상만 봐도 일반적인 생수 브랜드의 법칙을 완전히 거꾸로 뒤집죠.

당연히 이런 행동에는 비판이 따라오기 마련입니다. 그런데 리퀴드데스는 이를 또 한 번 파격적으로 활용합니다. 사람들의 악플을 모아 〈Greatest Hates〉라는 음반을 발매한 것입니다. 우리말로 하면 '최고의 미움' 정도 될까요? 이렇게 리퀴드데스는 기발한 브랜딩으로 강한 팬층을 형성했죠.

이들이 전달하고자 하는 핵심경험은 무엇일까요? 바로, 기

존 시장에 대한 도발이자 파격입니다. 이를 바탕으로 경쟁이 치열한 생수 시장에서 독보적인 존재감을 드러내며 주목을 받고 있는 것이죠. 리퀴드데스의 2023년 글로벌 매출은 무려 2억 6,300만 달러에 달합니다. 한국에서도 리퀴드데스를 만날 수 있는 날이 하루빨리 오기를 기대합니다. 국내에서의 반응도 매우 궁금하네요.

오틀리가 보인 힙한 패기

오틀리^{Oatly}는 우유의 대체재인 귀리음료를 만드는 스웨덴 브랜드입니다. 우리나라에서도 만날 수 있죠. 오틀리가 처음 나왔을 때는 보통 귀리음료와 별반 다를 것이 없었습니다. 패키지는 평범했고 마케팅은 일반적인 식음료의 방식을 따랐죠. 그러다 완전히 새로운 방식의 브랜딩을 전개했습니다.

한마디로, 우유 시장과 당당하게 맞서는 것이었는데요. '귀리음료는 우유의 대체재가 아니라 우유보다 더 나은 제품'이라는 메시지를 던진 것입니다. 유당분해효소결핍증(우유에 함유된 유당을 분해하는 효소가 부족해 설사를 하는 증상) 환자가 우유 대신 먹는 음료로 시장에 남기보다는 모든 사람에게 우유를 뛰어넘는 음료라는 이미지를 심고자 한 것입니다.

2015년 오틀리는 '우유 같지만 사람을 위해 만들어졌어요(It's like milk, but made for humans)'라는 도발적인 마케팅 캠페인을 시작했습니다. 우유는 송아지들을 먹이려고 만들어진 것이지 인간을 위한 게 아니라며 '진정으로 인간을 위한 우유는 오틀리'라는 메시지를 내보냈습니다. 이른바 돌려까기 광고죠. 전 세계적으로 유당분해효소결핍증이 있는 인구가 75%에 달한다는 조사 결과가 있는 만큼 많은 이들에게 우유는 적절한 음료가 아니며 귀리음료인 오틀리를 마셔야 한다고 이야기한 것입니다.

당연히 스웨덴 낙농협회는 유제품을 깎아내렸다는 이유로 오틀리를 고소했습니다. 오틀리는 이에 굴하지 않고 오히려 고소장의 내용을 반박합니다. 공식 홈페이지에 고소에 대한 내용과 소송 과정을 낱낱이 공개했죠. 또한 오틀리의 CEO 토니 피터슨Tony Peterson이 귀리밭에서 노래를 하는 〈Wow, No Cow〉라는 영상을 올렸습니다. 가사에는 논란이 되었던 'It's like milk, but made for humans'가 포함돼 있고, 이어서 'Wow, No Cow(와, 젖소가 만든 우유가 아니네요)'라고 한 방을 날립니다.

심지어 'f*ck oatly'라는 사이트(fckoatly.com)를 만들어서 오틀리에 대한 부정적인 내용을 모아놓기도 했습니다. 그러면서 소비자들의 이런 부정적인 내용도 포용하는 패기 있는 브랜드라는 이미지를 전달했죠. 동시에 이 사이트를 싫어한다면 자신들을 지지할 수 있는 f*ckf*ckoatly 사이트(fckfckoatly.com)로 이동시키는 버튼도 만들어놓았습니다. 사이트는 계속 늘어나 fckfckfckoatly.com, fckfckfckfckfckoatly.com까지 있어요. 굉장히 유머러스하죠. 이렇게 자신들의 지지자들을 만든 겁니다.

낙농업계와 오틀리의 싸움은 큰 화제가 되었고, 결국 오틀

리는 이런 행동을 통해 기존 우유 시장에서도 존재감을 확보했을 뿐 아니라 여타 귀리음료와 차별화되는 이미지도 만들어냈습니다. 이런 힙한 패기가 자신들만이 가진 핵심경험이죠. 현재 오틀리는 포스트 밀크 시대의 유니콘으로 불리며 나스닥에 상장했습니다. 귀리음료 하나로 나스닥 상장이라니 정말 대단하지 않은가요?

젠틀몬스터의 예술적 감각

이 타이틀만 봐도 무슨 얘기가 이어질지 짐작되시겠죠? 세상에는 수많은 선글라스가 있고, 명품 선글라스도 엄청나게 많습니다. 그렇다면 이 치열한 시장에서 어떻게 우리 브랜드의 존재감을 드러내야 할까요? 햇빛으로부터 눈을 보호하는 기능은 다 비슷하니까요. 물론 여기에도 더 좋은 제품과 아닌 제품이 있겠지만 소비자로서 우리는 무엇이 더 좋은지 알기 어렵습니다. 단지 눈을 보호해주고 내게 잘 어울린다면 만족할 수 있죠. 선글라스의 중요한 선택 요소인 디자인 역시 대부분 브랜드가 굉장히 다양합니다. 멋지고 예쁜 제품을 출시하는 곳이 이미 너무 많죠.

이런 시장에서 두각을 나타내는 브랜드가 바로 젠틀몬스터입니다. 이제는 글로벌 브랜드가 됐죠. 젠틀몬스터의 플래그십 스토어에 가본 적이 있나요? 스토어에 들어서면 우선 거대한 구조물들이 눈에 띕니다. 심지어 로봇 같은 것들도 배치되어 있죠. 젠틀몬스터는 그들의 제품을 가장 중심에 내세우지 않았습니다. 그보다는 자신들이 전개하는 매장의 퍼포먼스에 더 집중하죠. 하나같이 입이 떡 벌어질 만한 광경을 연출합니다. 심지어 젠틀몬스터에는 플래그십 전담팀이 존재하고 로봇공학자도 있다고 합니다.

왜 이들은 여기에 집중할까요? 이를 통해 대부분 선글라스 브랜드와는 다른 방식의 무언가를 전달할 수 있기 때문일 것입니다. 바로 젠틀몬스터만의 브랜드 이미지죠. 그 브랜드 이미지를 저는 그들의 실험정신과 예술적 감각이라고 봅니다. 그리고 이것을 젠틀몬스터의 핵심경험이라 할 수 있겠죠. 그들이 전개하는 많은 브랜딩 활동이 이 핵심경험을 전달하는 데 집중돼 있음을 알 수 있습니다. 실제로 젠틀몬스터는 예술혼과 실험정신을 표현하기 위해서 정말 아무도 쓸 것 같지 않은 제품들을 만들기도 합니다.

젠틀몬스터의 감성적 핵심경험은 그들이 전개하는 또 다른 브랜드인 탬버린즈TAMBURINS(화장품)와 누데이크NUDAKE(디저트)에서도 그대로 재현됩니다. 성수의 탬버린즈 플래그십 스토어에는 거대한 조형물이 있고, 누데이크에서 판매하는 디저트 역시 실험적인 아이템들이 많습니다. 흑과 백의 컬러만 사용한 케이크부터 초소형 크루아상, 햄버거같이 생긴 케이크까지 예술 작품처럼 강렬하죠.

이렇게 젠틀몬스터는 감성적 핵심경험을 명확히 정의하고 이를 제품과 플래그십 스토어 그리고 모든 브랜딩 활동에 담으면서 여타 선글라스 브랜드와는 명확한 선을 그었습니다.

포카리스웨트의 남다른 청량함과 순수함

이온음료인 포카리스웨트Pocari Sweat의 광고, 특히 일본 시장에서의 광고에는 유독 교복을 입은 학생들이 많이 등장합니다. 왜 그럴까요? 학생들을 투영하여 포카리스웨트에 청량하고 순수한 이미지를 심고자 하기 때문입니다. 시장에는 이온음료를 대표하는 브랜드가 많기도 합니다. 이온음료는 땀을 흘린 뒤 수분을 보충하기 위해 마시는, 목적성이 정확한 음료인 만큼 대부분의 이온음료는 브랜드 이미지를 종종 스포츠와 연결합니다.

게토레이Gatorade나 파워에이드POWERADE의 예전 광고들을 떠올려보면 이해하기 쉬울 거예요. 이런 글로벌 브랜드와 정면으로 맞서려면 이들과 비슷한 이미지 전략을 펼쳐야 한다는 것이 보통의 생각이죠. 하지만 포카리스웨트는 다른 방식의 경험을 전달했습니다. 스포츠맨과는 확실히 대비되는 젊은 학생들, 그마저도 대학생이 아니라 그보다 더 어리고 순수하다는 인상을 주는 교복 입은 학생들을 중심으로 브랜드 이미지를 만들었습니다. 이는 제품의 컬러인 하얀색과 푸른색의 조화와도 잘 어우러집니다.

포카리스웨트는 이런 감성을 활용하여 브랜딩을 전개함으로써 대부분 이온음료와는 다른 차별적인 이미지를 만들어 가고 있습니다. 우리가 게토레이나 파워에이드처럼 강하고 파워풀한 모습과 다른 청량한 느낌으로 포카리스웨트를 보게 되는 것이 바로 그들의 이런 핵심경험을 중심으로 한 브랜딩의 효과입니다.

현대카드가 전개한 고품격 문화생활

세상에는 다양한 카드사가 있습니다. 그런데 각 카드사의 장점이나 할인율, 협력 업체 등 차이점을 정확히 아는 사람이 있을까요? 아마 한 사람도 없을 것입니다. 신용카드라는 기능적 혜택은 당연히 동일할 것이고, 경쟁이 일어나면서 대부분 카드사가 제공하는 것들이 비슷비슷해졌죠.

이런 상황에서 현대카드는 후발주자로 시장에 진입했습니다. 당시 수많은 쟁쟁한 카드사가 시장에서 경쟁하고 있었죠. 아마도 현대카드는 이 시장에 진입하자마자 자신들의 가입률을 높이기 위해 많은 세일즈 마케팅을 했을 것입니다. 경쟁사보다 더 많은 혜택(예를 들어 제휴처를 늘린다든지, 청구할인을 늘린다든지 등)을 제공해서 기존 카드사의 고객을 끌어오려고 했겠죠. 이는 한 번만 생각해보면 누구나 예상해볼 수 있는 행동입니다.

하지만 비용을 투자해서 더 좋은 혜택을 제공한다고 해도, 사람들의 반응이 좋다는 게 확인되면 기존의 많은 카드사들이 그냥 바라만 보고 있지는 않겠죠. 아마도 그와 비슷하거나 더 좋은 혜택을 제공하여 고객의 이탈을 막을 것입니다. 그래서 현대카드는 다른 접근을 합니다. 감성적 핵심경험을 중심으로 브랜드의 이미지를 새롭게 만들려 한 것이죠.

현대카드의 핵심경험은 무엇일까요? 현대카드의 관계자가 아닌 이상 정확한 워딩으로 표현할 수 있는 사람은 없겠지만, 저는 '고품격 문화생활'이라고 생각합니다. 현대카드를 사용하는 사람들은 고품격 문화생활을 즐기는 사람이라는 이미지를 만들고자 한 겁니다. 고급스러운 라이프 스타일을 즐기고, 파인다이닝을 찾고, 디자인을 좋아하며, 다양한 문화생활을 누리는 이미지 말입니다.

실제로 현대카드는 지금까지 이에 걸맞은 다양한 브랜딩 활동을 전개해왔습니다. 아마도 그 시작은 현대카드 슈퍼매치를 잠실 올림픽 체조경기장에서 개최한 것부터가 아닌가 싶습니다. 당시 최고의 여성 테니스 선수인 마리야 샤라포바Maria Sharapova와 비너스 윌리엄스Venus Williams를 초청해 서울에서 경기를 펼치게 했고요. 그리고 이후 광화문 광장에서 스노보드 경기를 개최하기도 했습니다.

이와 함께 당시 다른 카드사들은 크게 비중을 두지 않았던 카드 디자인에도 엄청난 공을 들였어요. 투명카드·미니카드 같은 새로운 디자인의 카드가 등장했고, 레드·퍼플·블랙 등 컬러를 통한 멤버십 프로그램도 론칭했습니다. 현대카드 고메위크Gourmet Week라는 행사를 열고 서울의 힙한 식당들과 제휴하는가 하면, 압구정동에 하우스 오브 퍼플House of the Purple이라는 파인다이닝 식당을 열기도 했습니다.

이런 활동은 현재까지도 이어지고 있다고 보는데요. 현대카드 슈퍼콘서트를 꾸준히 진행하면서 브루노 마스Bruno Mars 등 세계적인 뮤지션들을 국내로 초청하는가 하면, 해외 유수의 유명 전시회를 유치하는 컬처 프로젝트를 진행하기도 했고요. 현대카드 디자인 라이브러리와 바이닐앤플라스틱VINYL&PLASTIC 등 다양한 공간을 오픈하기도 했습니다. 이곳은 현대카드 소지자들만 이용할 수 있도록 해서 회원들이 고품격 문화생활을 누릴 수 있게 한 겁니다. 보기 힘든 경기나 스타들을 초청하는 것도 이런 이미지를 위한 활동의 연장선입니다. 2022년 애플페이를 국내에 도입하기 위해 발 벗고 나선 것 역시 자신들이 만들고자 하는 이미지와 연결하려는 활동이라 할 수 있습니다. 즉 시장 점유율을 확대하고자 하는 비즈니스 전략과 함께 애플의 이미지를 자신들의 이미지와 연결하고자 한 것이라고 저는 생각합니다.

지금은 많은 카드사가 현대카드가 진행했던 방식처럼 문화 마케팅에 많은 노력을 쏟고 있습니다. 그럼에도 현대카드의 핵심경험인 고품격 문화생활이라는 이미지를 넘어서지 못하고 있는데요. 어쩌면 앞으로도 힘들 것 같습니다. 자사만의 핵심경험을 통해 이미 현대카드는 다른 카드사들과 자신을 이미지상 명확히 구분 지었기 때문입니다.

현대카드는 시장에서 지금 어떤 위치에 있을까요? 다른 카드사들보다 시장에 늦게 진입했지만, 2024년 기준 현대카드의 시장 점유율은 신한카드에 이어 업계 2위라고 합니다. 카드 시장의 후발주자로 시작한 현대카드가 지금의 점유율을 만들기까지는 다양한 노력이 있었겠지만 그중 브랜딩도 큰 공헌을 했다고 생각합니다.

05. ─────── 감성적 핵심경험을 찾는 실마리

감성적 핵심경험은 기능적 핵심경험과 함께 고려해야 하는 요소입니다. 그런데 감성적 핵심경험은 기능적 핵심경험보다 정의를 내리기가 더 까다로울 수 있는데요. 이미지적이고 크리에이티브한 영역이라 생각의 품이 많이 들기 때문입니다. '감성'은 사람마다 인지하는 수준이 다르잖아요. 그럼에도 브랜딩을 위해서는 이 과정을 꼭 거쳐야 합니다. 그렇기에 감성적 핵심경험을 정의할 때는 다음과 같은 점을 고려하기 바랍니다.

첫째, 시장에서 소비자들이 느끼는 경쟁사에 대한 인식과 우리에 대한 인식을 검토합니다.

- 소비자들은 경쟁사들에 대해 어떤 감성적 인식을 가지고 있고, 우리에 대해서는 어떤 인식을 가지고 있나요?
- 소비자들이 우리에게서 느끼는 감성적 코드가 있나요?
- 그 감성적 코드가 경쟁사들에 대한 인식과 비슷한가요, 아니면 다른가요?
- 소비자들의 현재 인식을 바꾸려면 우리에게 어떤 감성적 핵심경험이 필요한가요?

이렇듯 시장에서 소비자들의 인식을 비교해보는 일은 우리만의 감성적 핵심경험을 설정하는 데 도움이 됩니다. 시장에서 우리와 경쟁사를 바라보는 시선이나 이미지가 비슷하다면 그 이미지를 탈피할 수 있고요. 경쟁사의 이미지가 우월하다면 그들과는 전혀 다른 이미지를 정의할 수도 있을 테니 말이죠.

둘째, 우리가 바라는 미래 사용자는 어떤 사람들일지를 생각해봅니다.

- 그 사람은 어떤 라이프 스타일을 갖고 있고, 취향은 어떤가요?
- 그 사람들에게 어떤 인식을 주어야 우리 제품을 좋아하게 할

수 있을까요?
- 단지 기능적인 것이 아닌 어떤 이미지를 그들에게 전달해야 우리에게 더 호감을 느낄 수 있을까요?

이런 질문들을 통해 미래 사용자가 반응하고 주목할 만한 지점을 고민하는 것도 감성적 핵심경험을 정의하고 도출하는 데 도움이 됩니다.

셋째, 만약 우리 브랜드가 사람이라면 어떤 모습을 가진 사람인지를 생각해보세요.

- 그는 어떤 성격인가요? 성격이 급한지 느긋한지, 완벽주의인지, 미니멀리스트인지 등 최대한 자세하게 정의해보세요.
- 남들과 구별되는 개성은 무엇이고, 어떤 취향을 가지고 있나요?
- 그가 좋아하는 브랜드는 무엇인가요?

이런 질문들에 하나씩 답하는 과정을 통해 우리 브랜드만의 이미지를 만들 수 있는데요. 중요한 점은 앞서 미래 사용자를 정의했을 때처럼 되도록 구체적으로 나열해야 한다는 것입니다. 그래야 그 안에서 실마리와 좋은 키워드들을 뽑아낼 수 있습니다.

넷째, 되도록 기존의 틀을 깨려고 노력하는 게 중요합니다. 리퀴드데스, 오틀리와 같이 틀에서 벗어나 새로운 이미지와 우리 브랜드를 연결해보는 겁니다. 기존 시장의 이미지에 갇혀 있으면 비슷한 핵심경험이 도출될 확률이 높습니다. 그러면 경쟁사와 우리를 구분 짓는 우리만의 경험을 만들 수 없겠죠. 생각과 발상의 전환이 필요하다는 얘기입니다.

다섯째, 다양한 브랜드의 레퍼런스를 참고하세요. 그 안에서 우리 브랜드만의 이미지를 설정할 실마리를 발견할 수도 있습니다. 하지만 명심해야 할 것은 우리가 속한 업계와 완전히 다른 분야의 레퍼런스를 활용해야 한다는 것입니다. 예컨대 블루보틀Blue Bottle 커피가 다른 커피 전문점과 비교선상에 있는 게 아니라 '커피 시장의 에르메스Hermès'라고 불렸던 것처럼, 우리는 이 카테고리 내에서 어떤 브랜드로 불리고 싶은지 생각해보는 것도 좋은 방법입니다.

파트 3

핵심경험을 통한 브랜딩 전개

앞서 기능적 핵심경험과 감성적 핵심경험을 정의하고 찾아가는 방법을 알아보았습니다. 그런데 단지 설명만으로는 그것을 실무에서 바로 현실화하기는 쉽지 않습니다.

그래서 파트 3에서는 가상의 케이스를 통해 브랜드의 핵심경험을 찾아가는 과정을 구체적으로 전개해 나갑니다. 비록 가상의 브랜드를 설정했지만, 이 사례들은 실제로 기업의 대표님, 브랜드 담당자분들과 나눈 고민과 조언을 기반으로 구성했고요.

파트 1에서 다뤘던 여섯 가지 주요 질문을 중심으로, 브랜드의 가치와 핵심경험을 탐색하는 과정을 생생하게 담았습니다. 제지 분야부터 제조, F&B, 서비스업까지 다양한 분야의 브랜드를 설정하고, 각각이 직면한 문제 상황에 따라 핵심경험을 정의하고 브랜딩을 전개하는 방식을 보여드리려 합니다.

이제, 핵심경험을 실제 브랜드에 적용하는 과정 속으로 함께 들어가 보겠습니다.

01. ———————————— 리빙 브랜드 A

분야	제지, 화장지
문제	B2B^{Business-to-Business}에서 B2C^{Business-to-Customer}로 사업을 확장하려고 한다. 하지만 다양한 국내외 브랜드가 시장을 장악하고 있기에 가격 경쟁이 치열하다. 시장이 포화상태이며 B2C 브랜드로서는 고객들에게 인지도가 거의 없는 수준이다.
해결책	고객 인식을 만들기 위해 타깃을 재설정하고 틈새시장을 공략하기로 한다. 대표 제품의 강점으로 기능적 핵심경험을 정의하고, 그에 맞춰 감성적 핵심경험을 설정한다. 새로운 이미지를 만들고, 유통 전략에도 핵심경험을 반영하기로 한다.

브랜딩이 필요한 이유

리빙 브랜드 A의 모회사인 A 기업은 천연펄프를 사용해서 제지를 만드는 회사입니다. 오랫동안 이 기업은 동남아 등지에서 나무를 수입한 후, 천연펄프로 가공하여 화장지를 만드는 국내 다양한 회사에 납품해왔습니다. 즉 B2B를 중심으로 비즈니스를 전개해온 것이죠. 사업 시작 이후 한동안은 순조롭게 성장했습니다. 국내에서는 이 기업만큼 대량으로 천연펄프를 생산하는 곳이 많지 않았기 때문이에요.

하지만 문제가 생겼습니다. 기술의 발전으로 다른 회사들이 천연펄프를 해외에서 더 싼 가격으로 수입하기 시작했고, 그러다 보니 가격 경쟁력 면에서 다른 곳에 밀리게 된 겁니다. 그래서 이 기업은 B2B 사업보다 B2C, 즉 소비재 시장에 더 집중하기로 합니다. B2B는 가격 경쟁력으로 사업을 이어가는 비중이 크지만 B2C에서는 소비자들이 가격 외에 다양한 이유로 선택할 수 있기 때문이죠.

이와 같은 이유로 이 기업은 기존에 적극적으로 마케팅을 하지 않았던 자사의 B2C 브랜드인 브랜드 A를 성장시키기로 했습니다. 하지만 소비재 시장 역시 만만치가 않아요. 오히려 경쟁이 더 치열했죠. 이미 다양한 국내외 브랜드가 이 시장을 장악하고 있었기 때문입니다. 그래서 A 기업은 브랜드 A를 적극적으로 브랜딩하기로 합니다.

시장 진입 배경

우선 이 기업은 브랜드 A를 가지고 왜 이 시장에 진입했었을까요? 앞서 언급한 대로 이 기업은 해외 원목을 수입하여 천연펄프로 만드는 기술을 가지고 있었습니다. 즉 이 기업은 천연펄프 제조에 강점이 있었고, 천연펄프를 표백하지 않고 순수한 상태로 시장에 내놓으면 충분히 경쟁력을 갖출 수 있으리라고 생각했습니다.

그래서 B2C 제품의 라인업을 갖고 있긴 했지만, B2B 영역에서 사업이 잘되니 굳이 B2C 브랜드에 집중할 필요는 느끼지 못했습니다. 다만 브랜드 A를 계속 유지해오긴 했죠. 이렇듯 브랜드 A는 천연펄프에 화학약품으로 표백을 하지 않은 천연제지를 생산한다는 장점이 있었습니다.

시장의 인식

브랜드 A를 B2C 시장에서 성장시키기 위해서 브랜딩이 필요하다고 생각한 A 기업은 국내 화장지 시장이 경쟁사들과 브랜드 A에 대해 어떤 인식을 가지고 있는지를 살펴봤습니다. 앞서 얘기한 대로 시장은 글로벌 기업들과 국내 대기업들이 장악한 상태였습니다. 한번 생각해보세요. '화장지' 하면 머릿속에 떠오르는 브랜드가 누구에게나 한두 개는 있을 정도니까요.

반면 이 브랜드가 전개하는 화장지에 대한 인식은 매우 낮았습니다. 열 명의 소비자 중 한 명 정도가 인지할까 말까 하는 상황이었죠. 그도 그럴 것이 A 기업은 그동안 B2C에 크게 신경을 쓰지 않았으니까요. 그들이 가지고 있는 무표백·무형광·무향이라는 강점을 내세워 화장지 시장에서 경쟁력을 확보하려 했지만, 지금까지 해온 노력도 부족했고 대기업의 브랜드들이 시장을 점유한 상황이라 그리 쉽지 않았습니다.

소비자들 역시 브랜드 A가 무표백·무형광·무향을 강조하면서 내놓은 나무색(진한 베이지) 화장지를 생소하게 느꼈습니다. 보통 화장지를 떠올리면 흰색이 당연하다고 여기잖아요. 이는 천연펄프를 표백하여 만들어낸 색깔임에도 말입니다. 한편으로, 나무색 화장지는 흰색 화장지보다 퀄리티가 더 떨어져 보이기도 했습니다. 이처럼 브랜드 A는 인지도 제로의 상황이라고 해도 과언이 아니었습니다. 그래서 이 브랜드만의 새로운 인식을 만들어야 했죠.

미래 우리 브랜드 사용자의 정의

브랜드 A는 어떤 인식을 만들어야 할까요? 이 브랜드의 담당자들은 '미래에 우리 브랜드를 사용하는 소비자들은 기존의 흰색 화장지보다 더 순수한 천연 화장지의 가치를 아는 사람이었으면 좋겠다'고 생각했습니다. 즉 브랜드 A의 화장지가 더 친환경적이고, 따라서 이 제품을 사용하는 것이 자신에게도 좋을 거라는 인식을 가지고 있는 소비자 말이죠. 그래서 브랜드 A는 미래 사용자를 이렇게 정의했습니다.

환경에 대한 의식이 있고 가치에 공감하며, 친환경 제품을 사용하는 것이 자신의 이미지에도 영향을 줄 것으로 생각하는 상대적으로 젊은 소비자층.

사실 화장지는 젊은 소비자층보다는 주로 가족이 있는 30대 이상의 연령대가 더 자주 사는 제품입니다. 그래서 브랜드 A는 오히려 환경의식 있는 젊은 사람들이 많이 찾는 화장지 브랜드로 자리 잡기를 원했습니다. 틈새시장에서 인지도를 다질 수 있다면, 오히려 다른 연령대에서도 '요즘 젊은 층이 많이 사용하는 화장지'라는 인식을 얻을 수 있기 때문입니다. 그러면 자연스럽게 다른 연령층도 이 브랜드에 관심을 가질 것이라 판단했죠. 또한 이 전략이 성공하면 화장지 시장의 치열한 가격 경쟁에서도 어느 정도 자유로워질 수 있으리라 기대했습니다. 사람들은 대부분 친환경 제품이 일반 제품보다는 조금 더 비싸다고 생각하니까요.

고객들에게 딱 하나의 기억만 남길 수 있다면

그렇다면 브랜드 A는 고객에게 어떤 기억을 남겨야 할까요? 앞선 고민을 통해서 이제 이 점은 너무나 분명해졌습니다. 바로 무표백·무형광·무향의 친환경 화장지를 대표하는 브랜드라는 점이죠. 시장에 친환경 화장지가 없는 건 아니었지만 '친환경'이라는 단어를 선점해 대표성을 띠는 브랜드는 없었습니다. 많은 맥주회사가 무알코올 맥주를 출시하지만 무알코올 맥주만 생산하는 브랜드는 드문 것과 비슷합니다.

만약 이 브랜드가 없다면 사람들이 가장 불편해할 지점도 이것이라고 생각했습니다. 믿을 만한 친환경 화장지가 없다는 점이죠. 따라서 친환경으로 대표되는 브랜드라는 인식을 만들어야 했습니다.

핵심경험 도출

이제 브랜드 A의 기능적 핵심경험, 즉 시장에서 강점으로 내세워야 할 것이 명료해졌습니다. 바로 기존 화장지보다 훨씬 더 친환경적이라는 것이죠. 물론 친환경적 특징을 가진 기존 제품이 아예 없는 것은 아니지만 대개는 흰색 화장지로 인지도가 높은 브랜드에서 서브라인으로 친환경 화장지를 만들 뿐입니다. 그에 비해 브랜드 A는 친환경 화장지만을 만들기 때문에 남들과 구분 짓는 자기만의 가치로 내세울 수 있습니다.

또한 모기업이 오랫동안 천연펄프를 생산해왔기 때문에 기업의 역사와도 자연스럽게 연결할 수 있습니다. 이렇듯 모기업의 헤리티지를 이어가는 것도 좋은 방법인데요. 그 명성과 신뢰를 바탕으로 출발할 수 있기 때문이죠. '친환경'이라는 기능적 핵심경험이 누구도 쉽게 카피할 수 없는 기능은 아니지만, 시장에서 이를 경쟁력으로 삼고 있는 화장지 브랜드가 없기 때문에 브랜드 A에는 좋은 기회가 되리라고 판단할 수 있습니다.

그렇다면 브랜드 A의 감성적 핵심경험은 무엇일까요? 기능적 핵심경험을 통해 현재의 강점을 도출했다면, 이를 기준으로 감성적 핵심경험을 정의해야 합니다. 고객들에게 이 브랜드를 알릴 때 어떤 감성적 코드를 활용해야 할까요? 이 브랜드의 감성적 이미지나 느낌 또는 스타일을 어떻게 만들어야 기능적 핵심경험에 걸맞게 포지셔닝할 수 있을까요?

이는 미래 사용자 정의에서 힌트를 얻을 수 있었습니다. 앞서 제시했듯이, 브랜드 A는 남들보다 환경의식이 있고 가치를 알고 공감하며, 친환경 제품을 소비하는 것이 자신의 이미지에도 도움이 될 것이라 생각하는 젊은 층을 미래 소비자로 정의했습니다. 이렇게 설정한 타깃에게 줄 수 있는 감성적 핵심경험은 여러 가지를 생각해볼 수 있겠지만, 브랜드 A는 그중 '고급스러움'에 중심을 두었어요. 친환경 제품이 일반적인 제품보다는 비싸다는 인식을 활용한 겁니다. 보통 마트에서 화장지를 고를 때 고급스러움을 느끼지는 않죠. 일상용품이기에 사는 것일 뿐입니다. 그렇기에 이 브랜드는 어떤 방식으로든 고급스러움을 표현한다면 차별점을 만들 수 있으리라고 생각했습니다.

그리고 이런 감성적 핵심경험을 중심으로 제품 선택의 기준을 다시 설정했습니다. 자기가 사용하는 것보다는 남들에게 선물하기 좋은 브랜드로 포지셔닝한 겁니다. 우리는 보통 자기가 사용하는 제품보다는 남들에게 선물할 때 더 좋은, 혹은 좋아 보이는 제품을 사기 때문입니다. 상대방에게 주는 선물이니 그 안에 성의가 있어야 하고, 한편으론 그 선물을 고른 나의 이미지를 대변할 수 있으니까요.

예를 들어, 흔히 볼 수 있는 대기업 베이커리 체인의 케이크를 사서 선물하는 것보다는 작지만 젊은 사람들에게 잘 알려진 핫한 브랜드의 케이크를 선물하는 것도 그런 이유겠죠.

'나는 일반적인 제품보다 트렌디한 것을 잘 알고 소비하는 사람이야'라는 이미지를 갖고 싶어서요. 상대방을 위해서 더 세심히 좋은 것을 골랐다는 이미지도 함께 말입니다.

이는 친환경 제품을 사용하는 것이 자신의 이미지를 대변한다고 생각하는 소비자의 페르소나와도 일치하기도 합니다. 우리는 보통 집들이를 갈 때 화장지를 선물하는데요. 이들은 집들이 약속이 잡혔을 때 마트에서 아무 화장지나 사서 들고 가는 것보다 친환경 제품으로 알려진 브랜드 A의 화장지를 선물할 수 있겠죠.

핵심경험을 브랜딩 전략으로 연결

이처럼 브랜드 A의 핵심경험이 도출됐기에 브랜딩 전개 방향을 더 뾰족하게 아이데이션하고 기획할 수 있었습니다. 우선 친환경 제품이라는 기능적 핵심경험을 고객들에게 어떻게 전달할 수 있을지 고민했습니다.

무엇보다 이 화장지의 특징인 색깔, 즉 나무색을 적극 활용하기로 했는데요. 일반 화장지 브랜드들이 깨끗함을 보여주기 위해 대부분 화이트 컬러로 패키징하는 반면, 의도적으로 이 화장지의 컬러를 더 노출하여 다른 곳과는 차별화되고 눈에 띄게 했습니다. 이를 환경, 지구, 나무 등과 연결하기 위해 패키지를 개선하고 새로운 디자인을 도입했고요.

그리고 웹사이트에서도 이 점을 최대한 강조했어요. 친환경과 관련된 심볼의 디자인을 개발하여 패키지와 웹사이트에 적극적으로 녹였습니다. 이 브랜드를 해외 브랜드로 오인할 수 있을 정도로, 기존의 국내 브랜드 화장지와 완전히 다른 차원에서 비주얼 디자인을 새롭게 바꿔갔습니다.

그러다 보니 자연스럽게 지구와 관련된 슬로건을 만들기 위한 고민으로까지 이어졌습니다. 로고와 심볼, 그리고 나무와 자연의 이미지를 더 적극적으로 활용하기 위해 캐릭터도 만들기로 했죠. 이와 함께 다른 제지회사들이 하지 않는 팝업스토어도 과감하게 기획했고요. 타깃을 환경적 의식이 있는 젊은 사람들로 설정했기에 팝업스토어는 나무와 나뭇잎, 자연을 테마로 구상했습니다.

또한 고급스러움을 강조하기 위해서 브랜드의 이름을 바꾸는 방법도 생각했습니다. 모기업의 헤리티지를 발판으로 고급스러움을 보여주기 위해 회사의 설립연도를 다양한 곳에 적극적으로 알리기도 했고요. 그 연장선에서 가격 역시 경쟁사를 의식하며 낮게 책정하지 않았습니다.

    유통 전략에도 감성적 핵심경험을 적극적으로 반영하기로 했습니다. 지금까지는 마트에서만 판매했는데, 다양한 리빙 편집숍에도 입점했고요. 편집숍에 입점한다는 것은 그 자체로 고급스러운 브랜드라는 의미도 되기 때문이죠. 이는 자연스럽게 커뮤니케이션에 대한 방향 설정으로 이어졌습니다. 메시지를 전달하는 방식의 톤앤매너도 더욱 명확해졌죠. 이렇게 브랜드 A는 인지도 낮았던 기존의 브랜드를 바꾸기 위한 새로운 브랜딩 전략을 세우고 실행해나갔습니다.

02. ──────── 키친웨어 브랜드 B

분야 핸드블렌더

문제 블렌더 시장이 포화상태인 데다 설상가상으로 중국산 제품의 저가 정책으로 타격을 받고 있다. 디자인 면에서도 소비자에게 어필되지 않아 다른 제품들에 밀리고 있다.

해결책 강력한 기능으로 차별점을 주고자 한다. 브랜드 차별점에 따라 단순히 커뮤니케이션 메시지만 바꾸는 것이 아니라 비즈니스 방향까지 바꿔 새로운 포지션을 찾는다. 개발 전략에 맞춰 캐릭터, 모델, 영상 광고도 일관성 있게 진행한다.

브랜딩이 필요한 이유

키친웨어 브랜드 B는 핸드블렌더를 만드는 기업입니다. 다양한 식재료를 분쇄하는 기능을 가진 제품을 만들고 있죠. 제품의 기능은 스스로가 자부할 만큼 강한데요. 그런데 시장의 경쟁에서는 늘 뒤처졌습니다. 그래서 브랜드 B는 저가 정책을 택할 수밖에 없었습니다. 하지만 중국산 제품들이 시장에 대거 유입되면서, 더 이상 저가 정책만으로는 경쟁력을 유지하기 어렵다고 판단했습니다.

더 가격을 낮춘다면 기업의 이윤에 치명타를 입을 수 있고, 장기적으로 회사의 생존 문제로도 이어질 수 있다는 긴장감이 생겼습니다. 인지도는 어느 정도 있지만 치열한 시장에서 살아남기는 날이 갈수록 힘들어지는 상황이에요. 고객들도 점점 경쟁사로 빠져나가고 있고요. 소비자들이 좋아할 만한 다양한 컬러의 제품을 내놓고 블렌더에 다양한 기능을 추가하기도 했는데, 자사만의 경쟁력이라고 보기에는 힘들었습니다.

그래서 새롭게 브랜딩을 하기로 했습니다. 더욱 강력한 브랜드를 만들어서 고객들의 인식 속에 반드시 무엇인가를 남겨야 한다는 판단이었습니다. 가장 먼저, 우리를 기억시킬 키워드를 뽑아내고 이를 중심으로 새로운 포지션을 잡기로 했습니다.

시장 진입 배경

브랜드 B가 시장에 진입한 배경은 의외로 단순했습니다. 핸드블렌더의 수요는 꾸준히 있기 때문입니다. 간단하게 야채 주스나 음료를 만들어 먹기에 믹서보다 휴대성이 좋으니 시장의 니즈는 많다고 판단한 거죠. 그렇다면 후발주자로서 브랜드 B는 어떤 차별점을 가지고 시장에 진입했을까요?

처음에는 더 강력한 블렌더를 만들어야겠다는 포부로 시작했습니다. 하지만 중국의 공장에서 OEM으로 만든 제품을 판매하는 것이었기에 한계가 있었죠. 그래서 블렌더의 강도를 더 다양하게 하거나 새로운 컬러를 입히는 등 믹서와 블렌더 고유의 기능보다는 그 외의 기능으로 경쟁사들과의 차별점을 주고자 했습니다.

시장의 인식

사실 제품의 퀄리티가 여타 브랜드와 대동소이했기에 우위의 인식을 가지기는 힘들었습니다. 경쟁사 중에는 해외 브랜드들이 많은데, 그들의 디자인이나 성능에 대한 선호도가 높으면 높았지 낮지는 않았기 때문입니다. 중국의 저가 제품들은 블렌더의 성능 측면에서는 앞서지 않았지만 해외의 브랜드를 벤치마킹해 다양한 디자인을 내놓고 있어서 나름대로 잘 팔리고 있었습니다. 브랜드 B는 제품의 어떤 측면에서도 내세울 만한 게 없어서 고전하고 있었고요.

그래서 마케팅에서도 '강력하다', '요리에 즐거움을 준다' 또는 '무선 제품이다', '한 번 충전해서 오래 쓴다', '가볍다' 같은 다른 곳과 크게 다르지 않은 메시지를 전달할 뿐이었습니다.

미래 우리 브랜드 사용자의 정의

그렇다면 브랜드 B는 어떤 인식을 만들어야 할까요? 더 편하고 다양한 디자인으로 고객들의 선택을 받는 것을 목표로 해야 할까요? 하지만 이것이 우선 사항은 아니라고 판단했습니다. 핸드블렌더는 당연히 분쇄력, 즉 기능이 가장 중요하다고 생각한 거죠. 소비자들의 인식에서 현재는 타사와 큰 차별점이 없지만, 미래 우리 브랜드 사용자들은 연령을 떠나 오로지 '강력한 분쇄력의 핸드블렌더를 찾는 사람들'이면 좋겠다고 생각했습니다. 결국 사람들이 블렌더를 찾는 이유는 블렌더 본연의 기능인 분쇄력이기 때문이라고 본 겁니다.

이에 대한 소비자의 인식만 획득할 수 있다면 편리성이나 디자인은 부차적인 영역이 될 수 있으며, 일단 블렌더의 강력함으로 인정받으면 경쟁사가 편의성이나 디자인으로 위협한다고 해도 충분히 방어할 수 있으리라고 판단했습니다. 이는 자연스럽게 고객에게 딱 하나의 기억만을 남겨야 한다면 무엇을 남길 것인지에 대한 내용으로 이어졌고요. 즉, '가장 강력한 분쇄력의 블렌더'입니다.

핵심경험 도출

브랜드 B는 기능적 핵심경험을 '가장 강력한 분쇄력'으로 정의하고, 이를 중심으로 커뮤니케이션 방향을 설정했습니다. 다행히 그들의 핸드블렌더는 한때 강력한 분쇄력으로 인정받던 제품이었습니다. 문제는 이제는 다른 브랜드 역시 그 정도의 분쇄력을 보유하고 있다는 것입니다.

이에 브랜드 B는 기술력에 많은 투자를 하기로 합니다. 경쟁사 대비 조금이라도 더 강력한 모터와 블레이드를 만들고자 제조 공장을 찾아가 논의했습니다. 비록 투자 비용은 많이 들어가겠지만, 브랜드 B를 시장에서 차별화할 수 있는 요소였기에 밀고 나갔죠. 이렇듯 브랜딩은 단지 커뮤니케이션만이 아니라 비즈니스의 방향과 개발 전략까지 바꿀 수 있습니다.

제품력에 투자를 시작하고 6개월 뒤, 결국 브랜드 B는 시장에서 가장 강력하다고 할 수 있는 분쇄 성능을 구현했습니다. 물론 다른 브랜드들도 이런 투자를 할 수 있겠지만 개발비가 추가돼야 하기에 분쇄 기능을 업그레이드하는 데는 주저하는 경향이 있었거든요. 이렇게 핸드블렌더로서 브랜드 B가 시장에서 인식을 만들 수 있는 역량이 어느 정도 갖추어졌습니다.

　이제 감성적 핵심경험을 도출하기 위해 브랜드 B만의 감성적 이미지 또는 키워드를 고민했는데, 이 역시 오직 하나로 귀결되었습니다. 즉 '강력함'이라는 키워드입니다. 브랜드 B는 건전지 시장을 레퍼런스로 삼았습니다. 에너자이저Energizer나 듀라셀Duracell 같은 해외 건전지 제품들의 메시지가 '강력하다', '오래간다'였기 때문입니다. 이제는 이 강력함이라는 키워드를 자사 브랜드에 어떻게 입힐 것이냐가 커뮤니케이션의 중요한 키가 됐습니다.

핵심경험을 브랜딩 전략으로 연결

우선 디자인을 전반적으로 수정했습니다. 감성적 핵심경험을 시각적으로 잘 전달하기 위해서죠. 심플했던 기존 로고와 심볼을 볼드하고 강력한 인상을 주도록 새롭게 개발했습니다. 브랜드의 전체적인 컬러 역시 화이트에서 블랙과 레드로 교체해 튼튼한 공구를 연상시키는 이미지로 바꾸는 등 비주얼 아이덴티티를 개편했습니다.

핸드블렌더의 특징과 강한 분쇄력을 상징하는 캐릭터도 함께 개발했습니다. 다양한 시안이 나왔는데, 그중 튼튼해 보이는 이미지의 셰프 캐릭터를 선정해서 브랜드를 상징하는 캐릭터로 확정했어요. 그리고 이를 제품과 패키징, 웹사이트 등 소비자에게 노출되는 다양한 접점에서 적극적으로 활용했습니다.

　또한 기능적 핵심경험을 고객들에게 전달할 수 있는 다양한 전략을 고민했습니다. 그중 하나가 블렌더가 얼마나 강력한지를 보여주는 것인데요. 소프트한 야채나 과일만이 아니라 호두 등 단단해 보이는 식재료를 껍질째 가는 모습까지 영상에 담아 유튜브 광고를 시작했습니다. 이때 시연하는 프레젠터 역시 브랜드 캐릭터 이미지에 부합하는 모델을 고용했고요.

　여기에서 그치지 않고 블렌딩하는 대상을 식재료에서 비식재료로 점점 넓혀가기도 했습니다. 분쇄력 자체를 보여주기 위해 음식이냐 아니냐와 무관하게 자사의 핸드블렌더로 분쇄가 가능한 단단한 물건들까지 블렌딩한 겁니다. 특히 재미있는 멘트와 표정 등으로 시연하여 보는 사람들이 신기함과 재미, 블렌더의 강력함을 동시에 느낄 수 있도록 했죠. 그 결과 유튜브를 통해 송출된 이 영상 광고는 효율이 매우 좋았습니다. 이후에는 브랜드 B의 유튜브 채널에서 고정 콘텐츠로 자리 잡아 매회 많은 조회수를 기록했습니다. 브랜드 B가 얼마나 강력한 블렌딩 기능을 가지고 있는지를 많은 사람에게 어필했음은 물론이고요.

이런 과정에서도 브랜드 B는 더 강력한 블렌더 개발을 멈추지 않았습니다. '우리 제품을 이길 수 있는 제품은 우리의 다음 제품'이라는 문구를 넣어 새로운 제품을 광고했는데요. 당연히 사람들은 이 제품이 어떤 물건까지 블렌딩할 수 있는지를 궁금해했고, 브랜드 B는 시장에서 가장 강력한 블렌더라는 이미지를 축적해갔습니다.

인지도가 높아지자 브랜드 B는 가격으로 경쟁해야 하는 상황에서 벗어났습니다. 회사는 새로운 제품이 나올 때마다 가격을 합리적으로 책정하여 판매할 수 있었고 그럼에도 판매량은 꾸준히 증가했습니다. 매출이 늘자 제품 개발에 투자할 여력이 늘어났고, 업그레이드된 제품력이 매출 상승을 이끄는 선순환을 이루게 되었음은 물론이고요.

03. ──────── 리빙 브랜드 C

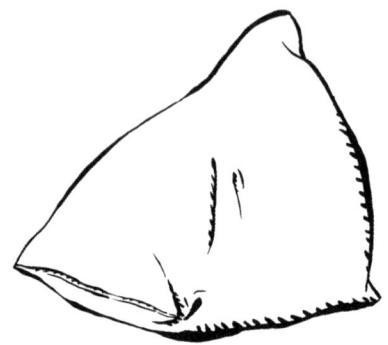

분야   빈백 bean bag

문제   빈백은 필수재가 아니기 때문에 소비자의 니즈가 크진 않다. 그 와중에 시장 내 경쟁이 치열해지고 있어서 브랜드 C는 마케팅 효율도 떨어졌다. 경쟁우위를 어떻게 확보해야 할지가 고민이다.

해결책   수요 자체가 적은 제품은 면밀한 소비자 인식 조사가 우선이다. 제품에 대한 인식을 바꾸기 위해 프레임을 완전히 바꾸는 브랜딩이 필요하며, 그러려면 기능적 핵심경험을 재정의해야 한다. 감성적 핵심경험도 새로운 기능적 핵심경험에 맞춰 설정하고 브랜딩 활동을 전개한다면 자연스럽게 새로운 수요가 생겨날 수 있다.

브랜딩이 필요한 이유

리빙 브랜드 C는 빈백을 만드는 브랜드입니다. 빈백이란 내부를 비즈와 같은 충전재로 채운 푹신한 의자를 말하죠. 탄력 있고 유연성이 좋아서 어떤 자세로든 편하게 앉을 수 있고, 가볍고 말랑말랑해 다양한 용도로 사용할 수 있다는 장점이 있습니다.

빈백 시장도 경쟁이 치열한데요, 이 기업에 닥친 더 큰 문제는 빈백이라는 제품에 대한 국내 수요가 생각보다 적다는 것입니다. 사람들이 보통 소파와 의자를 선호하기에 빈백에 대한 니즈가 그리 많지 않다는 거죠.

브랜드 C는 사람들에게 빈백의 필요성을 어떻게 어필해야 할지, 어떻게 하면 이런 시장을 키우고 우위를 점할 수 있을지 고민이 많습니다. 소파보다 가볍고 휴대성이 좋으며 한편으로는 더 편하다는 빈백의 장점을 중심으로 많은 비용을 들여 마케팅을 전개해왔지만 효율이 그리 좋지 않았고요. 그래서 사람들에게 자사의 인식을 다시 심어야 한다는 사실을 절감하고 브랜딩을 감행하기로 했습니다. 어떻게 하면 경쟁사와 차별화되는 가치를 만들고 시장의 새로운 수요 또한 만들 수 있을지를 심각하게 고민하기 시작한 것입니다.

시장 진입 배경과 시장의 인식

브랜드 C는 사실 미국 태생입니다. 해외에서 론칭한 브랜드를 한국에 도입한 것이었죠. 미국 브랜드라고는 하지만 국내에서 인지도가 약하다 보니 새로운 브랜딩이 절실하다고 본 겁니다. 그동안 미국 브랜드라는 것을 강조하기도 했지만 그리 효과가 없었습니다. 앞서 얘기한 대로 빈백의 수요가 생각보다 크지 않았기 때문입니다. 자사만이 아니라 국내에서 빈백을 판매하는 경쟁사들에 대한 인지도 역시 그리 높지 않았고요.

간혹가다 빈백을 필요로 하는 소비자들이 빈백이라는 키워드로 검색해서 여러 브랜드를 둘러보고 구매하곤 했는데, 브랜드 C 이름으로 직접 검색하는 사람들은 극히 소수였습니다. 게다가 경쟁사들이 자신을 노출하기 위해 마케팅을 적극적으로 펼치고 있었습니다. 그 때문에 마케팅 비용도 점점 올라갔죠.

미래 우리 브랜드 사용자의 정의

이런 상황에서 미래의 우리 브랜드 고객은 어떤 사람들이어야 하는지 고민했습니다. 정확하게는 미래 우리 브랜드의 고객은 빈백을 어떻게 인식해야 하는가에 대한 고민이었죠. 이를 풀어나가려면 빈백이라는 제품에 대한 현재의 인식을 조금 더 자세히 분석할 필요가 있었습니다.

분석 전에는 의자나 소파의 대체재로 여길 것으로 예상했는데요. 실상 소비자들을 자세히 관찰해보니 그렇지 않았습니다. 의자나 소파가 기본적으로 갖춰져 있는 상태에서 방이나 거실에 하나 정도 추가하는 제품으로 생각하는 경향이 더 강했습니다. 그렇다고 인테리어 소품으로 접근하는 것도 아니었어요. 그러기에는 부피가 상대적으로 크니까요. 결론적으로, 사람들은 빈백을 있으면 좋고 없어도 별문제는 없는 일종의 취향 아이템으로 여겼습니다.

이런 포지션을 어떻게 바꿀 수 있을까요? 그리고 브랜드 C가 빈백의 대표 브랜드가 되려면 무엇을 해야 할까요? 빈백의 용도를 새롭게 정의하고 브랜드 C가 대표 브랜드가 될 수 있다면, 새로운 수요를 창출할 수 있겠죠. 게다가 이 방향이 잡히면 브랜드 C의 미래 사용자도 자연스럽게 정의할 수 있고요.

핵심경험 도출

브랜드 C의 기능은 사실 경쟁사들과 크게 다르지 않았습니다. 좋은 충전재를 꽉 채워 편안한 제품을 만드는 게 전부였죠. 하지만 빈백에 대한 새로운 인식을 만들어야 하는 상황이므로 브랜드 C의 기능적 핵심경험도 새롭게 바꿔야 합니다. 그렇다면 어떤 인식을 만들어야 할까요?

 우선 빈백 자체의 가볍고 편안하고 이동이 간편하다는 점에는 큰 변화가 없으니 이를 중심으로 새로운 포지션을 만들 수 있었습니다. 바로 내가 원하는 곳에서 편하게 쉴 수 있는 공간을 만들 수 있다는 점인데요. 소파는 옮기기가 어려우니 이 니즈를 채울 수 없고, 의자는 이동은 가능하지만 편하게 누울 수는 없는 가구니까요.

 빈백은 이동성도 편안함도 모두 충족하는 제품입니다. 집에서도 햇살이 잘 드는 곳에서 누워 쉬고 싶다면 그곳으로 빈백을 가지고 가면 그만이니 말이죠. 부피는 조금 있지만 가볍기 때문에 야외로 가지고 가도 됩니다. 예를 들어 피크닉을 즐기는 상황이라면 차 트렁크에 넣어 가져가서 나만의 편안한 휴식 공간을 만들 수 있죠. 그래서 브랜드 C는 기능적 핵심경험을 이렇게 정의합니다.

언제든 내가 원하는 곳을 나만의 휴식 공간으로 만들어주는 제품.

빈백의 용도를 집과 같은 폐쇄된 공간으로 한정할 필요가 없었어요. 집에서나 밖에서나 언제든 빈백만 있으면 그 공간에서 가장 편안한 자세로 무엇이든 할 수 있기 때문입니다.

브랜드 C는 새롭게 정의한 기능적 핵심경험에 기반하여 빈백을 야외로도 쉽게 가지고 갈 수 있는 빈백 전용 가방을 만들었습니다. 이런 가방을 같이 주는 브랜드가 없었기에 새로운 빈백의 포지션에 잘 맞춘 전략이었습니다. 또한 빈백을 놓고 앉거나 누워서 쉴 때 보조 도구가 있으면 유용하니 간이 테이블 같은 제품도 만들어 빈백과 패키지로 구성했고요. 새로운 포지션에 충실한 액세서리도 함께 만들기 시작한 것입니다.

소파나 의자의 대체품으로 인식되지 않아 애매한 포지션을, '실내·야외 어디서나 편안한 공간을 만들 수 있는 제품'으로 재정립하면서, 미래의 우리 브랜드 사용자 또한 새롭게 정의할 수 있었습니다. 언제 어디서든 편안한 내 공간을 만들기를 원하는 사람들이며, 주말에 집에만 있기보다는 야외에서 피크닉을 즐기는 사람들로 확장할 수 있었죠.

비단 1인 가구를 대상으로 할 필요도 없었습니다. 대상을 가족으로 하기에 성인뿐 아니라 어린이도 포함할 수 있었죠. 기존 빈백의 광고 이미지를 보면 알 수 있듯이 빈백의 타깃은 대부분 집에서 쉬고 있는 성인만을 대상으로 했지만, 이제는 타깃의 연령대도 성인에서 가족 단위로 넓어진 것입니다. 브랜드 C는 기존 빈백의 장점인 편안함을 유지하면서 제품의 용도를 실내에서 야외로 확장함으로써 더 많은 수요를 만들 수 있었습니다.

그렇다면 브랜드 C의 감성적 핵심경험은 무엇으로 정의할 수 있을까요? 우선, 빈백 자체의 '편안함'을 전달하는 것은 기본입니다. 그러나 단순한 편안함을 넘어, '용도의 확장'까지 함께 담아낼 새로운 감성적 경험의 정의가 필요했습니다. 즉 브랜드 C는 야외 활동에도 어울리는 키워드가 그들의 감성적 경험에 녹여져야 한다고 생각했죠.

그것은 바로 재미fun였습니다. 기존 용도로서의 빈백이라면 전달할 수 없었던 경험의 키워드였죠. 그래서 이런 감성적 핵심경험을 추가해 브랜드 C의 새로운 슬로건을 만들었습니다. 바로 'Comfort & Fun, Anywhere'입니다. 빈백의 편안함과 동시에 이동성, 야외 활동, 피크닉 등의 의미가 모두 포함된 슬로건이죠.

핵심경험을 브랜딩 전략으로 연결

빈백에 대한 기존의 인식을 바꾸기로 했으니 이제 브랜딩 전략으로 녹일 차례입니다. 가장 먼저 고민한 것은 '용도'였습니다. 기존의 빈백은 집 안에서만 사용한다는 인식이 강했기 때문인데요. 새로운 용도의 정의를 도출하는 과정에서 여러 아이디어를 뽑을 수 있었습니다.

우선 사람들에게 익숙한 단어들을 사용하여 용도를 자연스레 상상하게 하는 것이 중요했습니다. 아이데이션 과정을 거쳐 '어디든 가지고 다닐 수 있는 나만의 이동식 소파'라고 결정했습니다. 의자라고 하면 눕지 못하지만 소파라고 하면 언제든 앉거나 누울 수 있기 때문입니다. 침대라는 단어는 잠을 자는 데 쓰이기 때문에 적절치 않았고요. 소파는 보통 무게와 부피가 있어 이동이 불가하기에 이동식 소파라는 표현이 오히려 궁금증을 불러일으킬 수 있다는 생각도 있었습니다.

제품을 보여주는 방식도 바꿨습니다. 예전에는 집을 기본 배경으로 했지만 이제 다양한 장소로 바꾼 거죠. 한강도 좋고 캠핑장도 좋고 뭐든 좋았습니다. 집을 배경으로 하더라도 거실뿐 아니라 다양한 실내 공간을 포함시켰습니다. 이동을 위해 제작한 전용 가방도 적극적으로 함께 노출했고요. 이를 중심으로 다양한 제품의 룩북lookbook 전략을 세웠습니다. 대상이 개인이 아닌 가족 단위로 확장될 수 있으니 혼자 집에서 쉬고 있는 사진보다는 야외에서 가족과 즐거운 시간을 보내는 콘셉트가 추가됐음은 물론입니다. 이렇게 전략을 바꾸니 당연하게도 기존의 빈백에서는 볼 수 없었던 다양한 이미지가 만들어졌습니다.

매장 인테리어도 새롭게 하기로 했습니다. 기존 매장은 제품을 진열하고 판매하는 평범한 공간이었는데, 다양한 콘셉트의 공간으로 교체한 것이죠. 즉 매장마다 각기 다른 테마를 잡았습니다. 한 곳은 집으로, 한 곳은 잔디가 펼쳐진 공간으로, 또 다른 곳은 캠핑장으로 꾸미는 등 다채롭게 구성했습니다. 새로 정의한 이동식 소파라는 콘셉트를 적극 반영한 것입니다. 매장의 벽면에는 새로운 슬로건을 크게 노출했고요.

또한 팝업스토어도 기획했습니다. 팝업스토어는 보다 명확한 콘셉트와 명확한 메시지로 설계했습니다. 일단 날씨 좋은 가을날 한강 공원에서 팝업스토어를 열기로 했는데요. 브랜드 C가 어떤 제품을 만드는 브랜드인지를 더 많은 사람에게 알리기 위해 실내보다 한강이라는 장소를 택한 것입니다. 가을날 한강은 팝업스토어가 많이 열리는 성수동만큼이나 사람들이 몰리기도 하고 가족 단위로도 방문하는 곳이죠.

이곳에 성인용 사이즈뿐 아니라 어린이용 사이즈까지 다양한 제품을 비치하고 사람들이 직접 경험할 수 있게 했습니다. 간단한 핑거푸드와 음료도 함께 제공했어요. 한강에서 피크닉을 즐기는 사람들이 많다는 점을 고려해 원하는 사람들에게는 제품을 대여하는 전략도 함께 진행하여 고객경험을 극대화하고자 했습니다.

이와 함께 스폰서십 마케팅도 공격적으로 진행하기로 했습니다. 다양한 공간에 브랜드 C의 제품들을 비치한 것입니다. 물론 브랜드명과 메시지, 슬로건도 함께 말이죠. 우선은 야구장을 공략했습니다. 최근 야구가 성인 남성만의 스포츠가 아니라 여성, 아이 모두에게 인기 있다는 점에 착안한 것입니다. 국내 야구장 중에서 돗자리를 깔고 앉아서 관람할 수 있게 되어 있는 곳이 있는데, 그곳에 빈백을 가져다 놓고 관객들이 편하게 누워서 야구를 관람하게 했습니다. 국내 유명 캠핑장과도 스폰서십을 맺었고요.

브랜드 C는 주로 거실에서 사용하던 빈백의 용도를 다양하게 확장하는 브랜딩 전략을 계속 진행했습니다. 그러는 동안 브랜드 C에 대한 인식이 조금씩 바뀌어갔습니다. 여러 유명 유튜버와도 협업을 했는데요. 주로 브이로그[VLOG]를 찍는 유튜버들에게 제품을 협찬했는데 그들이 피크닉을 갈 때 브랜드 C를 가져가는 방식이었습니다. 단지 젊은 사람들만이 아니라 캠핑을 즐기는 캠핑족이나 가족과의 일상을 영상에 담는 크리에이터 등 다양한 유튜버가 함께했습니다.

브랜드를 새롭게 정의하고 브랜딩을 진행하자 자연스럽게 브랜드 검색량이 늘었고, 매출 역시 증가하는 것을 확인할 수 있었습니다. 한편으로 브랜드 C는 아이들을 위한 제품의 비중을 늘리고, 아이들이 좋아할 만한 다양한 캐릭터 IP[Intellectual

Property를 활용하여 눈에 잘 띄게 했습니다. 성인에 한정되지 않고 가족 모두를 위한 제품이라는 점이 알려지면서 빈백의 수요도 이전과 다르게 점차적으로 증가했습니다.

04. ──────── 향수 브랜드 D

분야　　향수

문제　　1인 기업을 운영하는 브랜드 D의 대표는 여러 가지 어려움을 겪고 있다. 1인 기업이다 보니 마케팅에 쓸 수 있는 돈이 부족하다는 것이 가장 큰 어려움이다. 또한 향수는 이미 고급 브랜드가 시장을 차지하고 있는 제품이기도 하다. 지인들을 통한 홍보 외에 다른 방안은 없는지, 대형 브랜드를 어떻게 이길 것인지 고민이다.

해결책　　향수는 수요가 많은 제품군에 속한다. 따라서 대형 브랜드들이 뛰어들지 못하는 틈새를 공략하면 그 수요를 가져올 수 있다. 1인 기업이니만큼 고비용 마케팅보다는 대표 개인의 강점을 찾아서 제품에 녹일 방법을 고안해야 한다. 쓸 수 있는 자원을 최대한 찾는 게 중요한 것이다.

브랜딩이 필요한 이유

향수 브랜드 D는 1인 기업 브랜드입니다. 화학공학을 전공하고 조향사로 전향한 이 기업의 대표가 직접 향수를 만들고 모든 것을 운영합니다. 1인 기업이라서 여러모로 어려움이 많죠. 무엇보다 자신의 브랜드를 홍보할 예산이 부족하다는 것입니다.

마케팅에 비용을 쓸 수 없다 보니 주변의 지인들 외에는 자신의 브랜드를 알릴 방안이 없어 걱정이 많았습니다. 결국 시장에서 자신의 브랜드가 주목받게 하려면 어떻게든 차별화 지점을 도출해야 한다는 결론에 이르렀습니다. 그래서 브랜딩에 대한 고민을 시작하게 되었죠. 결국 소셜미디어 등에 광고하는 비용을 줄여 브랜드 D를 더욱 단단하고 남들과 다른 브랜드로 만들어야겠다는 결심이 선 것입니다.

시장의 인식

브랜드 D의 경쟁사는 어디일까요? 향수 시장은 매우 규모가 큰 시장입니다. 대부분 여성이 향수를 사용할 뿐 아니라 이제는 남성들도 소비자 대열에 합류했습니다. 이렇게 큰 시장인 만큼 쟁쟁한 플레이어들이 많죠. 화장품 전문 글로벌 브랜드와 패션 명품 브랜드 대부분이 자체 향수 라인을 보유하고 있으며, 조말론Jo Malone과 같이 유명한 향수 전문 브랜드도 있고요.

그들의 향수 라인업은 굉장히 세분화되어 있어 브랜드 D와 같은 1인 기업으로서는 직접적으로 경쟁하기가 애초에 불가능하다고 할 수 있습니다. 백화점 1층에 가봐도 잘 알 거예요. 세계적인 브랜드들이 대부분 입점해 있죠. 그래서 브랜드 D 대표는 그들과 자신은 경쟁 관계가 아니라 생각했습니다. 그 대신 겨뤄볼 만한 경쟁자들 사이에서 살아남으려면 어떤 포지션을 잡아야 할지 고민하기 시작했습니다.

기능적 핵심경험 도출

브랜드 D는 다른 길을 모색했습니다. 지금까지는 대형 향수 브랜드들과 마찬가지로 자신만의 향기를 론칭하여 자사몰과 스마트스토어 등을 통해서 판매했지만 경쟁이 되지 않았으니까요.

그렇다면 어떤 포지션을 잡아야 할까요? 이 치열한 시장에서 브랜드 D만의 강점을 고민하기 시작했는데요. 이는 브랜드 D의 탄생 배경과 연결 지어 생각해볼 수 있었습니다. 브랜드 D 대표는 단지 관련 교육을 받고 조향사가 된 것이 아니라 화학공학을 전공하고 이 분야의 연구원으로 오랫동안 일해왔기 때문에 향기에 대한 이해도가 깊었습니다. 그가 향수 브랜드를 만들겠다고 마음먹은 것도 그런 이력 덕분이기도 합니다.

그의 강점은 전문가적인 지식을 갖추고 있다는 것이었습니다. 향에 대한 이해도 깊지만 향을 제조하는 데 뛰어난 실력을 보유하고 있었죠. 물론 대형 브랜드의 조향사들도 전문가이지만 그들은 이 시장에서 또 다른 대형 브랜드와 경쟁합니다. 스몰 브랜드는 애초에 그들의 경쟁 대상이 아니죠.

고민 끝에 대표는 보통의 브랜드가 대량 생산을 하는 것과는 다른 길로 가야 한다는 결론을 내렸습니다. 바로 맞춤 향수입니다. 미리 향수를 제조해 구매를 유도하는 것이 아니라 한 사람 한 사람의 개성과 취향을 파악하고 그 대상에게 맞는 향수를 제공한다는 접근입니다. 대기업의 향수 브랜드가 기성 양복 브랜드라면 브랜드 D는 맞춤 정장을 만드는 전문 테일러 브랜드가 되겠다는 거죠. 쟁쟁한 경쟁자들과 아예 다른 시장에서 인식을 점유하는 것이 더욱 경쟁력 있는 길이라고 판단했습니다.

이렇게 새로운 포지션을 잡으니 해외 유명 브랜드들은 직접적인 경쟁 대상에서 제외됐습니다. 그리고 맞춤 향수 시장을 바라봤어요. 기회라고 판단한 이유는 맞춤 향수 시장을 생각할 때 떠오르는 브랜드가 아직 국내에 존재하지 않았기 때문입니다. 물론 맞춤 향수라는 개념이 규모의 경제에서는 벗어나니 대량 생산에 비해서 매출 규모는 훨씬 작을 수 있습니다. 그럼에도 맞춤 향수로 브랜드 인지도를 쌓아가고 차별화를 이룰 수 있다면, 그때 대량 생산으로 전환할 수도 있겠다고 생각했습니다. 더불어 맞춤 향수로 시작했다는 브랜드 스토리를 활용하면 직접적인 경쟁자인 국내 중소형 브랜드 대비 전문성도 드러낼 수 있다고 판단했고요.

그래서 브랜드의 기능적 핵심경험을 '고객의 취향을 컨설팅하고 고객이 좋아할 만한 향수를 제안하고 만들어주는 테일러드 퍼퓸^{tailored perfume}'으로 정의했습니다. 그러니 고객 한 명한 명이 더 소중해졌죠. 상담하는 과정에서 고객들에게 더 큰 믿음을 줄 수도 있다고 생각했기에 그만큼 고객 관리에 집중할 필요가 있었습니다.

감성적 핵심경험 도출

그렇다면 브랜드 D는 어떤 감성적 핵심경험을 고객에게 줘야 할까요? 고객 맞춤형 향수를 기능적 핵심경험으로 잡았으니, 고객에게 전달해야 할 자신만의 이미지나 감정은 무엇보다 '디테일'이었습니다. 고객이 브랜드 D를 사용할 때 디테일한 감정을 느껴야 이 서비스의 취지와 브랜드의 이미지를 연결 지을 수 있다고 생각한 것입니다.

이제 디테일한 감정을 어떻게 전달할 수 있을지 고민이었는데요. 그러다가 하나의 실마리를 발견했습니다. 이 대표의 또 다른 직업이 하나 있는데 바로 시인이었습니다. 얼마 전 시인으로 정식 등단한 거죠. 이 또한 좋은 스토리가 될 수 있다고 생각했습니다. '시인이자 조향사인 대표가 맞춤 향수를 만들어준다'가 포인트인 것이죠. 시는 굉장히 감성적이고 함

축적인 언어인 만큼 이런 요소를 브랜드 D만의 디테일로 잘 활용한다면 분명 다른 브랜드들과는 차별화된 가치를 줄 수 있다고 판단했습니다.

그래서 브랜드 D는 고객 한 명 한 명을 위한 시를 써서 향수와 함께 제공하는 서비스를 해보기로 했습니다. 1인 기업답게 개인의 능력을 제품에 적극 반영한 거죠. 이렇듯 마케팅 예산에 여유가 없다면 사용할 수 있는 또 다른 자원을 모두 찾아보는 게 중요합니다.

향수의 이름도 고객의 취향에 맞게 각각 짓기로 했습니다. 개별 고객에 대한 애정과 감성이 향수의 이름에서도 드러날 수 있게 말이죠. 이를 시작으로 어떤 디테일을 줄 수 있을지, 즉 고객들이 제품을 받았을 때 어떤 디테일한 감정을 느낄 수 있을지를 고민했습니다. 브랜드 D만의 특별함이 담긴 향수를 완성하기 위해서죠. 이렇게 감성적 핵심경험을 정의하고 나니 브랜드 D만의 스토리가 어느 정도 완성됐습니다.

미래 우리 브랜드 사용자의 정의

미래 브랜드 D의 사용자는 어떤 사람들일까요? 자신에게 딱 맞는 향수를 발견하지 못한 사람들을 먼저 떠올릴 수 있습니다. 그들은 왜 자신에게 맞는 향수를 발견하지 못했을까요? 향기의 강도, 향수의 성분 등 여러 요인이 있겠죠. 시장에서 자신이 원하는 제품을 찾을 수 없기에 기성 제품에 자신을 맞춰온 것입니다.

하지만 '테일러드 퍼퓸'이라고 새롭게 정의된 브랜드 D의 향수라면 이들의 고민을 해결할 수 있겠죠. 대표가 직접 고객과 상담을 하면서 그들이 어떤 문제점을 느끼고 있는지를 파악할 수 있고, 어떤 향을 좋아하는지 또는 그 향이 고객과 맞는지도 알 수 있으니까요. 이런 과정에서 고객은 디테일함을 느낄 수 있습니다. 게다가 완성된 향수와 나만을 위한 시 한 소절이 함께 전달된다면 그 디테일한 감정이 극대화될 수 있겠죠. 이렇게 브랜드 D는 새로운 고객과 시장을 찾을 수 있었습니다.

핵심경험을 브랜딩 전략으로 연결

브랜드 D에 브랜딩이 필요했던 이유 중 하나가 1인 기업이기 때문에 마케팅을 집행할 예산이 적다는 것이었죠. 그렇기에 브랜드 D의 브랜딩 전략은 최소한의 비용으로 그 이상의 결과를 내야 한다는 건 분명한 사실이었습니다. 가장 중요한 것은 브랜드 D가 제공하는 서비스와 제품을 통해 입소문을 내는 일이었죠. 이것을 위해 핵심경험에 따라서 브랜딩 전략을 실행했습니다. 온라인·유선·대면 등 고객과의 상담을 통한 세심한 케어, 고객에게 맞는 시 한 소절을 적어 함께 주는 것, 또한 고객이 원하는 향과 어울리는 향의 명칭을 정해주는 것 등 입니다. 고객이 이런 디테일에 감동한다면 주변에 입소문을 낼 수 있겠죠.

더 나아가 이 향수를 어떤 상황에서 또는 어떤 방식으로 사용하면 좋은지도 함께 알려주면 더 좋습니다. 이렇게 세심하게 케어받으며 나만의 향수를 갖게 됐는데 입소문을 안 낼 수 있을까요? 브랜드 D의 가장 확실한 브랜딩 전략인 거죠.

여기서 더 확장한다면 어떤 전략을 구사할 수 있을까요? 우선은 대상 고객을 개인에서 개인의 공간과 상업 공간으로 확장하기로 했습니다. 즉 고객이 몸에 뿌리는 향수를 넘어 공간을 위한 맞춤 향수로 그 역할을 확대하는 겁니다. 이를 위해 다양한 전시 공간과 상업 매장을 컨택했습니다. 전시 공간은 작가마다의 개인적 취향을 반영하니 그 작가에게 딱 맞는 향기를 제조했고요. 전시 공간이지만 개인 고객과 같은 프로세스로 진행해 고객의 입소문을 유도했어요. 또 공간을 방문하는 많은 사람에게 브랜드 D만의 향을 노출할 수 있어서 브랜드 D를 경험할 수 있는 대상이 확대되는 효과가 있었죠.

상업 시설도 마찬가지 방식으로 겨냥했습니다. 각 상업 공간의 고유한 개성을 향으로 구현해줌으로써 브랜드 D의 인지도를 더욱 높일 수 있었습니다. 이런 전략을 통해 테일러드 퍼퓸이라는 브랜드 D만의 인식을 심어나갔습니다. 공간을 찾아온 사람들에게 브랜드 D를 알릴 수 있는 브로슈어나 이 공간에 맞춘 상품을 비치하여 2차 판매 및 인지도 확산을 유도했고요.

소셜미디어 전략도 브랜드 D만의 개성과 특징을 잘 담아내도록 진행했습니다. 향기는 이미지로 전달하기 어려운 특성이 있어, 소셜미디어로 알린다는 데는 분명 한계가 있는데요. 브랜드 D에는 향기 말고도 또 하나의 강점이 있었습니다.

바로 시죠. 시인이 만드는 향수 브랜드라는 것을 인스타그램 등 소셜미디어를 통해 알렸습니다. 단순히 시만 올리는 것이 아니라 고객과 나눈 내용을 바탕으로 하나의 스토리를 만들고, 어떤 향수를 만들었고, 이름은 무엇이며, 어떤 시를 함께 전달했는지도 함께 소개했고요.

이런 방식 덕분에 사람들은 브랜드 D를 매우 독특한 향수 브랜드라고 여겼고, 시에 반응하는 타깃 고객들의 공감을 더 쉽게 끌어낼 수 있었습니다. 시를 좋아하는 사람들이 이 향수에 더 적극적으로 반응한 것은 물론이고요. 이렇듯 큰 마케팅 비용을 들이지 않고 브랜드 D는 시장에서 차별화된 이미지를 가질 수 있었습니다.

브랜드 D에 대한 입소문이 퍼질수록 나만의 향수를 맞추고 싶다는 수요도 늘어났습니다. 이런 감성적 핵심경험을 가지고 있는 브랜드의 제품이라면 주변의 소중한 사람들에게 선물하기도 좋겠죠. 상대방을 잘 이해하고 더 세심하게 배려한다는 느낌이 담겨 있으니까요. 이제 브랜드 D는 공간을 넘어 아티스트들의 개별 향수를 만드는 것으로 범위를 확장하고 있습니다. 이와 함께 개별 생산에서 대량 생산으로 전환할 비즈니스 기회도 자연스럽게 찾아왔고요.

05. 맥주 브랜드 E

분야 무알코올 맥주

문제 무알코올 맥주 시장이 성장함에 따라 새로운 무알코올 제품을 론칭하기로 한다. 하지만 시장에 후발주자로 들어가는 상황이라 론칭 성공은 물론 살아남을 수 있을지도 불확실하다. 기존 알코올 제품들과 같은 브랜드를 유지하는 방향으로 가야 하는지, 브랜드를 새로 만들어야 하는지 고민이다. 고객에게 어떻게 전달해야 하는지도 고민하고 있다.

해결책 시장이 성장하면서 수요가 늘어나는 제품이라면 새로 뛰어드는 경쟁자도 많기 때문에 소비자가 비교적 선택할 수 있는 제품이 많아 경쟁이 치열해진다. 따라서 브랜드 방향성부터 차별화 등 새로운 브랜딩 전략이 필요하다. 소비자부터 다시 정의하면서 브랜딩을 전개해나간다.

브랜딩이 필요한 이유

맥주 브랜드 E는 새로운 제품을 고민하고 있습니다. 시장에서 무알코올 맥주의 수요가 점점 늘고 있어서 이 분야를 노리는 것이죠. 브랜드 E는 자체 맥주 생산 공장을 가지고 있기 때문에 무알코올 맥주 시장에 충분히 진입할 수 있고요. 그런데 한 가지 고민이 있었어요. 무알코올 맥주 시장에 후발주자로 진입하면 국내외 다양한 브랜드와 또 다른 치열한 경쟁을 해야 한다는 점입니다. 국내에 들어온 대부분의 해외 맥주는 무알코올 맥주를 출시해 이미 편의점 등에서 팔고 있죠. 그래서 이 시장에 덜컥 뛰어든다고 하더라도 승산이 있다는 보장이 없었습니다. 그럼에도 커지고 있는 시장을 포기할 순 없었기에 새롭게 제품을 출시하기로 했습니다.

그렇다면 어떻게 접근해야 시장에서 인지도를 빠르게 확보하고, 성장하는 시장에서 순항할 수 있을까요? 기존에 생산하던 맥주 브랜드의 무알코올 버전을 만들어야 하는지, 새로운 브랜드를 만들어야 하는지도 고민이었고요. 그런 다음에는 어떻게 고객에게 알리고 커뮤니케이션을 해야 하는지에 대한 방향도 큰 고민 중 하나였습니다. 결국 브랜드 방향성 설정부터 브랜드만의 차별화 요소 도출, 브랜드 메시지의 개발, 브랜드 커뮤케이션 전략 등 전체적인 브랜딩 전략이 필요하다고 생각했죠.

시장의 인식

앞서 얘기한 대로 성장하는 시장이다 보니 수많은 맥주 브랜드가 무알코올 맥주 시장을 점령하고 있었습니다. 해외 브랜드부터 국내 브랜드, 심지어 크래프트 맥주 브랜드들까지 무알코올 맥주를 너도나도 내놓았고요.

맥주마다 오리지널 브랜드가 있기에 무알코올 맥주 제품 역시 기존 맥주 브랜드의 이미지를 그대로 따라가고 있었습니다. 고객들은 어떤 무알코올 맥주가 그 브랜드의 대표 맥주 맛과 얼마나 흡사한지를 평가하곤 했죠. 그리고 대개는 무알코올보다 원래의 맥주가 더 낫다는 평가를 하지만, 그럼에도 무알코올 맥주를 먹어야 하는 상황에서는 오리지널 브랜드를 보고 선택하는 경우가 많았습니다.

따라서 브랜드 E에서 무알코올 맥주를 출시해도 결국 그

맛으로 평가되기보다는 기존 알코올 맥주의 평가에 좌우될 것이라고 예상할 수 있는 상황이었습니다. 그렇다고 브랜드 E의 기존 맥주가 맛이 없는 것은 아니었지만, 이 회사는 크래프트 맥주를 생산해왔기에 대형 브랜드보다 선택될 여지가 적다는 것이 문제였죠. 그래서 새로운 접근이 필요한 상황이라고 판단했습니다.

미래 우리 브랜드 사용자의 정의

브랜드 E는 자신들의 새로운 무알코올 맥주가 기존에 브랜드 E가 가지고 있던 맥주의 무알코올 버전으로 인식되는 것은 그리 좋은 방향이 아니라고 판단했습니다. 알코올 맥주 브랜드가 무알코올 버전의 맥주를 출시하는 방식으로 가는 것은 결국 기존 브랜드 E 맥주의 소비자에게만 어필할 수밖에 없다고 생각했거든요. 브랜드 E는 상대적으로 규모가 작은 한국의 크래프트 맥주 브랜드이기 때문에 국내외 여타 대형 맥주 브랜드에 비해 소비자가 극히 적을 수밖에 없습니다. 따라서 미래 사용자를 새롭게 정의할 필요가 있었습니다.

브랜드 E는 미래 사용자를 이렇게 정의했습니다.

예전엔 맥주를 즐겼지만 이제는 건강을 생각해서 알코올 맥주를 선호하지 않는 사람. 그렇다고 맥주 대신 탄산음료나 주스를 마시고 싶지는 않은 사람. 즉 맥주의 맛을 좋아하고 맥주를 마시는 분위기는 즐기고 싶지만 내 몸이 알코올을 흡수하는 것에서는 어떤 이유건 부담감이 있는 사람들.

다시 말해서 맥주의 맛을 알고 과거에 맥주를 좋아했지만 지금은 내 몸의 건강을 위해 여러 운동을 하고 있는 사람, 이런 나를 위해 적어도 운동한 날에는 술을 먹고 싶지는 않은 사람들이라고 할 수 있습니다. 맥주를 마시는 기분과 분위기를 좋아하고(탄산음료가 줄 수 없는 기분이 있죠), 다양한 음식과 함께 맥주를 즐기고 싶기에 탄산음료는 마시고 싶지는 않은 거예요. 무알코올 맥주를 찾을 수밖에 없는 사람들이 바로 이들입니다. 이런 사람들이 우리 맥주를 선택해주었으면 했습니다.

그래서 브랜드 E는 기존 브랜드를 과감히 버리기로 합니다. 그리고 무알코올 맥주를 전문적으로 제조하고 판매하는 새로운 브랜드를 만들기로 했습니다. 기존 브랜드의 무알코올 버전으로 제품을 출시한다면 앞서 정의한 미래 사용자들이 자사 브랜드를 선택할 확률이 높지 않으니까요. 무알코올 맥주 브랜드를 만들어서 미래의 고객들에게 접근해야 새로운 브랜드 E를 선택할 확률이 높다고 판단한 것입니다. 국내에서 무알코올 맥주 브랜드라고 하면 바로 떠오르는 곳이 없다는 것도 이 전략의 성공 가능성에 힘을 실어주었습니다. 그래서 기존 맥주 브랜드와는 철저히 분리하여 새로운 브랜드를 론칭하기로 합니다. 기존 브랜드와의 연관성을 모두 끊어버리는 거죠.

기능적 핵심경험 도출

새롭게 탄생할 무알코올 맥주 브랜드는 어떤 기능적 핵심경험을 가져야 할까요? 가장 먼저 떠올릴 수 있는 요소는 알코올 맥주와 가장 흡사한 맛이겠죠. 그러나 이것만으로는 브랜드 E만의 차별화된 핵심경험이라고 보기 어려웠습니다. 출시하는 모든 무알코올 맥주 브랜드가 이를 중심으로 하고 있으며 시장에서 기존 무알코올 맥주에 대한 소비자의 관심도 여기에 쏠려 있기 때문입니다.

새로운 무알코올 맥주 브랜드는 새로운 기능적 핵심경험을 도출할 필요가 있었습니다. 앞서 이야기한대로 브랜드 E를 론칭할 모브랜드는 크래프트 맥주 제조사입니다. 일반적인 대형 맥주사와 비교할 때 훨씬 더 다양한 맛의 맥주를 만들어왔죠. 그래서 새로운 브랜드의 기능적 핵심경험을 이 맛에 집중하기로 했습니다.

미래의 소비자들을 맥주를 마시고 싶지만 알코올은 섭취하고 싶지는 않고 그렇다고 당이 들어간 탄산음료를 먹고 싶지도 않은 집단으로 정의했으니 이들이 즐길 수 있게 맛을 다양화해야겠다고 생각했습니다. 라거, 에일 등의 클래식한 맛부터 시작해서 시트러스 같은 다양한 향을 맥주에 첨가하는 거죠.

에너지 드링크도 오리지널 맛 외에 레몬맛, 망고맛 등 다양한 맛이 함께 출시되는 것처럼 말입니다. 브랜드 E는 무알코올 맥주에 다양한 맛을 첨가해 소비자의 선택지를 넓히는 것을 기능적 핵심경험으로 정의했습니다. 무알코올 맥주를 찾는 사람들에게 여러 가지 선택지를 주기로 한 것입니다. 무알코올 맥주를 찾는 상황이 모두 다를 수 있고, 어떤 음식과 함께 마시는지에 따라서도 선호도의 스펙트럼이 다양할 수 있기 때문이에요.

또한 기존 맥주와의 차별점으로 성장하는 시장에서 인지도를 얻을 수 있으리라고 판단한 겁니다. 이렇게 다양한 무알코올 맥주를 라인업으로 갖춘 브랜드라면 전문성 역시 인정받을 수 있으리라는 생각도 포함됐고요. 즉 새로운 무알코올 브랜드의 기능적 핵심경험은 '기존의 맥주를 넘어선 다양한 향과 맛'으로 결정됐습니다.

감성적 핵심경험 도출

이제 사람들이 브랜드 E를 경험했을 때 느끼는 감성적 이미지는 어떻게 만드는 것이 좋을지 고민하기 시작했습니다. 그리고 소비자들의 다양한 상황과 감정을 상상하면서 키워드를 뽑아봤습니다. 기존의 맥주 브랜드와는 철저히 다른 포지션을 취해야 했기에 '프레시하다', '시원하다', '풍부하다' 같은 키워드는 맞지 않았습니다.

앞서 본 미래 사용자 정의에서 보자면, 미래의 고객들이 무알코올 맥주를 마시는 상황은 다양하지만 그중 키워드를 뽑는다면 건강, 조금 더 자세히 들어가면 운동이라는 키워드가 있었죠. 맥주의 즐거움을 아는 사람이면 누구나 땀 흘려 운동한 후 시원한 맥주를 한잔 마시고 싶어 하니 말이죠.

또 하나의 키워드는 즐거움이었습니다. 알코올이든 무알코올이든, 맥주를 마시는 상황과 잘 어울리는 키워드죠. 맛있는 음식과 함께 맥주를 마시는 즐거움, 여러 사람과 함께 맥주를 마시는 즐거움 등이 여기에 포함될 수 있습니다. 그런데 이것만으로는 조금 아쉬운 부분이 있었어요. 운동 후 마시는 맥주 한잔이나 함께하는 즐거움도 좋은 키워드지만, 이 맥주만의 개성을 표현하기에는 부족했습니다. 기존의 맥주들도 함께 마시는 즐거움이라는 키워드를 사용했기 때문입니다. 다른 맥주 브랜드들과는 확실히 구분되는 개성이 필요했죠. 그래서 브랜드 E는 '위트와 유머센스'라는 개성을 선택합니다. 즐거움이라는 키워드에서 한발 더 나아간 거죠.

핵심경험을 브랜딩 전략으로 연결

브랜드 E는 독특한 위트와 유머센스를 발휘하여 '운동 후 마시는 즐거운 맥주'라는 콘셉트와 함께 브랜드명 개발에 나섰습니다. 여러 가지 아이디어를 고민했는데 그중 '건조한' 또는 '깔끔한'을 의미하는 'dry'와 축하의 의미인 'cheers'를 결합한 'Dry Cheers'라는 이름이 가장 유력한 후보로 떠올랐습니다.

'알코올 없이 깔끔하게 건배!'라는 메시지를 전달하면서 알코올 없이도 즐거운 분위기를 만끽할 수 있다는 의미를 브랜드명에 담으려 했죠. 깔끔함과 축하의 즐거움을 동시에 담고 있어서 무알코올 맥주의 청량감과 경쾌한 이미지를 효과적으로 전달할 수 있을 것이라 판단했습니다. 그 안에 위트와 유머센스도 잘 담겨 있다고 생각했죠.

다양한 맛의 맥주 라인업이 브랜드 E의 기능적 차별점이라고 정한 만큼 제품의 이름 역시 일반적인 스타우트, 라거, 에일보다는 더 위트 있는 이름으로 지었습니다. 클래식 라거 스타일의 맥주를 볼까요? 운동 후 금빛으로 빛나는 회복의 순간을 표현하기 위해서 몸에 부담을 주지 않고 맥주를 즐기면서도 에너지를 회복하는 느낌을 전달할 수 있는 'Golden Recovery'로 이름을 지었습니다. 시트러스 향이 나는 맥주는 'Citrus Refresh'라는 이름으로 표현했고요. 상쾌한 시트러스 향이 운동 후 갈증 해소와 동시에 기분 전환을 도와준다는 이미지를 부각하고자 한 것입니다.

IPA^{India Pale Ale} 스타일의 맥주에는 'Hop Step'이라는 이름을 지어 풍부한 홉 향이 특징인 맥주로, 운동 후의 활기찬 에너지와 건강한 삶의 리듬을 연상시키도록 했고요. 무알코올 스타우트 맥주는 'Chill Factor'라는 이름을 지어 운동 후 시원하게 몸을 식히는 동시에 마음을 차분히 가라앉히는 순간을 표현하려 했습니다. 골든 에일 맥주는 'Easy Rider'라고 칭해 이름에서부터 부담 없이 쉽게 즐길 수 있는 맥주라는 메시지를 전달합니다. 운동 후의 긴장을 풀어주는 부드러운 맛이 특징이라고 할 수 있죠.

'Zest Up'이라는 이름의 과일 향이 나는 맥주도 있는데요. 상쾌함과 기분 전환을 돕는다는 의미로 지은 건데, 이름에서부터 상큼하고 활기찬 느낌을 강조합니다. 커피 맛이 나는 무알코올 맥주는 'Espresso Brew'라는 이름으로 에스프레소의 진한 맛을 그대로 담았음을 나타냅니다.

이렇게 브랜드의 핵심경험을 중심으로 다양한 제품에 위트 있고 유머러스한 이름을 담아 출시했습니다. 그 결과 사람들의 호기심을 자극하고 재미있는 무알코올 맥주 브랜드가 나왔다는 입소문이 퍼지면서 인지도를 조금씩 올릴 수 있었습니다.

이에 맞춘 다양한 브랜딩 활동도 전개했습니다. 운동과 관련해서는 다양한 스포츠 이벤트나 운동 후 마실 수 있는 무알코올 맥주로 포지셔닝했습니다. 예를 들어 마라톤 대회나 피트니스 클래스 이후에 샘플링 이벤트를 진행하여 브랜드를 자연스럽게 알린 것입니다. 어느 정도 규모의 러닝클럽이나 사이클 동호회와 접촉하여 시원한 무알코올 맥주를 제공하기도 했죠.

요가, 필라테스 클럽도 마찬가지입니다. 운동 후 함께 마시는 즐거운 무알코올 브랜드라는 콘셉트를 위해서 단체로 운동을 즐기는 다양한 스포츠 클럽을 공략한 겁니다. 이들이 브랜드 E를 즐기는 사진을 소셜미디어를 통해서 꾸준히 전달했습니다. '#DryCheers'라는 해시태그를 붙여서요. 이런 활동을 통해서 브랜드 E의 인스타그램은 기존의 맥주 브랜드에서 보던 것과는 전혀 다른 이미지를 만들었습니다.

그 연장선에서 로컬 커뮤니티의 스포츠 이벤트나 관련 모임을 후원하여 지역 사회와의 연결고리를 강화했습니다. 이를 통해 무알코올 맥주가 운동 후 즐길 수 있는 좋은 아이템이라는 인식을 심어주려 노력했습니다. 여기서 더 확장된 전략으로 다양한 러닝 관련 이벤트도 후원했습니다. 운동 후 함께 마시는 무알코올 맥주라는 브랜드 이미지를 더 단단히 굳힐 수 있었죠.

브랜드 캠페인은 두 가지 방향으로 전개했는데요. 하나는 앞서 언급했듯이 해시태그를 활용한 이벤트입니다. 사람들이 운동 후 무알코올 맥주를 즐기는 순간을 공유하도록 장려하는 것이 목적이죠. 물론 해시태그 이벤트를 통해서 선정된 그룹에는 브랜드 E의 다양한 맥주를 맛볼 수 있도록 제품을 증정했습니다. 이렇게 소셜미디어에서의 활발한 참여를 유도하여 브랜드 인지도를 더욱 높여갔습니다.

또 하나는 브랜드 E가 가지고 가야 할, 그리고 브랜드 E만의 개성을 표현할 수 있는 유머와 위트가 넘치는 캠페인 기획입니다. 브랜드 E만의 광고 캠페인을 만들기로 한 거죠. 알코올이 없다는 장점을 강조하면서 알코올이 주는 부작용을 유머러스하게 표현하는 광고가 한 가지 사례인데요. 고객들에게 브랜드의 특징을 재미있고 인상 깊게 전달하는 방법이었습니다. 다양한 상황에서 알코올이 주는 부작용을 영상과 포스터로 재미있게 표현한 것입니다.

이를 '내 인생에서 다양한 후회의 순간'이라는 콘셉트로 접근해서 알코올 때문에 벌어진 실수들을 위트 있고 유머러스하게 전달했습니다. 영상은 유튜브, 포스터는 인스타그램에 릴리즈했는데요. 소재가 재미있고 누구나 공감할 만한 내용을 담은지라 이 캠페인은 소셜미디어에서 급속도로 확산됐습니다. 이를 통해 많은 이들의 공감을 불러일으켰고 브랜드 E는 톡톡한 홍보 효과를 보았고요.

이렇게 'Dry Cheers'라는 무알코올 맥주 브랜드는 시장에 성공적으로 안착할 수 있었습니다. 이와 함께 다른 맥주 브랜드의 무알코올 맥주와는 결을 달리하면서 그들과 브랜드 E를 구분 짓는 자기만의 가치를 만들 수도 있었죠.

06. ─────────── 액셀러레이터 브랜드 F

분야 스타트업 액셀러레이터accelerator 서비스

문제 스타트업을 시작하는 세 명의 전문가는 각기 경력은 많지만 회사 자체는 신생이라 인지도가 없다고 해도 무방하다. 게다가 액셀러레이터 분야에서 어느 정도 인지를 얻기 위해서는 투자 포트폴리오, 투자금 회수 사례 등 기존의 사례가 있어야 하는데 이 스타트업은 이제 막 시작하는 상황이다 보니 그것이 전무한 상황이다. 명성이나 이미지가 없는 회사가 불모지에 어떻게 정착할 수 있을지 고민이다.

해결책 스타트업을 시장에 각인시키기 위한 브랜딩 전략이 필요하다. 아직 회사의 업적이 없기 때문에 세 명의 구성원이 갖고 있는 역량에 초점을 맞추는 게 좋아 보인다. 경쟁사들이 갖고 있는 딱딱하고 경직된 이미지와 다른 이미지를 추구하며 웹사이트, 로고, 용어를 만든다. 또한 최근 흐름에 맞춰 세련된 영상으로 개개인을 어필한다.

브랜딩이 필요한 이유

브랜드 F는 투자와 제품 기획 그리고 브랜딩 영역에서 각각 20년 이상의 경력을 쌓은 세 명의 전문가가 창업한 액셀러레이터, 즉 펀드를 운용하여 전도유망한 스타트업에 투자하는 회사입니다. 다른 액셀러레이터와 달리 투자한 기업에 직접적으로 도움을 줄 수 있는 멤버들로 구성되어 있는데요.

따라서 투자는 물론 초기의 제품 전략과 브랜딩 전략을 필요로 하는 스타트업들이 액셀러레이터 F의 도움을 받고 싶어 할 것이라 예상했습니다. 브랜드 F만이 줄 수 있는 무언가로 스타트업의 성장세를 만들어 낸다면, 업계에서 입소문이 날 수 있겠죠. 이와 더불어 액셀러레이터 F도 함께 비즈니스를 키울 수 있고요.

하지만 그러려면 이들이 기존의 수많은 액셀러레이터 회사들과 무엇이 다른지를 스타트업과 투자자 시장에 알릴 필요가 있었습니다. 가만히 있으면 누구도 바라봐 주지 않을 테니 말이죠. 자신만의 강점을 시장에 어필해야 한다는 얘기입니다. 브랜드 F는 시장에서 자신을 각인시키기 위해서 브랜딩 전략을 가장 우선적으로 고민하기 시작했습니다.

시장의 인식

시장에 새로 진입했으니 경쟁은 필수적이겠죠. 이 시장에서는 다양한 액셀러레이터가 투자 포트폴리오와 성공 사례를 앞세워 스타트업과 투자자를 모집합니다. 얼마나 많은 펀드를 운용해서 투자하고 있는지, 지금까지 어떤 곳에 투자했고 어떻게 투자금을 회수했는지 등을 적은 포트폴리오가 경쟁사들의 인식을 결정하는 전부죠. 시장에서는 이것으로 능력 있는 액셀러레이터인지 아닌지가 갈린다고 해도 과언이 아니었습니다. 반면 브랜드 F는 창업을 한 지 얼마 되지 않았기에 어떤 투자 포트폴리오도 가지고 있지 않았습니다. 즉 자사의 인지도는 이 시장에서 전무한 것과 마찬가지입니다. 하지만 브랜드 F는 이 시장의 경쟁사 역시도 딱히 그들만의 차별화된 인식을 가지고 있지 않다고 생각했습니다.

미래 우리 브랜드 사용자의 정의

그래서 브랜드 F는 지금의 상황보다는 미래에 시장에서 얻고자 하는 인식을 정의하기 시작했습니다. 현재 브랜드 F의 자산은 인적 자원이 전부라도 해도 과언이 아닙니다. 멤버들을 살펴보면 다양한 회사에서 투자 쪽으로 경력을 쌓아온 대표, 대기업에서 경력을 쌓고 많은 스타트업에서 제품을 총괄했으며 현재 코치로 활동하는 CPO[Chief Product Officer], 대기업 마케터를 거쳐 여러 스타트업에서 브랜딩 총괄 이사로 경력을 쌓고 기업을 성장시킨 CBO[Chief Brand Officer]였습니다. 투자와 제품 기획, 브랜딩 분야에서 활약해온 이들은 그 어떤 스타트업에서도 도움을 받고 싶어 할 멤버들임이 확실했죠.

브랜드 F는 미래 사용자를 이렇게 정의했습니다.

단지 사업을 키우기 위해서 또는 기업을 유지하기 위해서 자금이 필요한 스타트업이 아니라 투자 자금과 함께 제품 기획, 브랜딩 영역에서 도움이 필요한 스타트업.

기존의 액셀러레이터들은 투자에만 집중을 했는데요. 브랜드 F는 투자와 함께 기업의 성장을 위한 실질적인 조언과 디렉팅까지 할 수 있죠. 그래서 이 서비스를 필요로 하는 스타트업을 미래 사용자로 정의한 것입니다.

핵심경험 도출

브랜드 F는 핵심경험을 어떻게 정의할 수 있을까요? 우선 고객이 이곳을 통해서 반드시 경험해야 할 기능적 핵심경험은 투자, 제품 기획, 브랜딩 디렉팅 역량입니다. 이를 통해 스타트업은 액셀러레이터 F와 함께하면 크게 성장할 수 있겠다는 기대감을 가질 수 있어야 하죠. 투자자라면 이곳에 투자했을 때 다른 기업보다 더 성공적인 결과를 거둘 수 있겠다는 믿음을 가질 수 있어야 합니다. 이렇듯 멤버 세 명의 역량 자체가 브랜드 F의 기능적 핵심경험입니다.

그럼 감성적 핵심경험은 어떻게 정의할 수 있을까요? 이들은 전통적인 또는 기존 시장에 있는 액셀러레이터와는 감성적으로 확실히 다른 이미지를 전달할 필요가 있었습니다. 그러지 않고는 아무리 멤버들의 역량이 좋다고 해도 시장에서 일찌감치 존재감을 만들기는 어려웠죠. 물론 주변의 소개를 통해서 고객들이 브랜드 F의 기능적 핵심경험을 알게 되고, 이것이 필요한 전략이라 판단해 협업을 요청할 수도 있습니다. 하지만 시장에서 어떤 감성적 이미지를 전달하느냐에 따라 브랜드 F만의 차별화된 색깔과 이미지를 만들 수 있겠죠.

그것을 통해 시장의 주목을 받고 존재감을 알리기 위해 다른 이미지를 고민하기 시작했습니다.

결국 브랜드 F는 많은 고민 끝에 'Creative & Cool'이라는 감성적 경험을 도출했습니다. 액셀러레이터에 대한 기존의 인식은 어떤가요? 보수적이며 재무 중심적이고 한편으로는 전통적인 이미지와 함께 다소 딱딱한 이미지들이 강합니다. 이는 투자회사들의 홈페이지만 봐도 알 수 있죠. 투자회사라는 성격상 고객들에게 믿음을 주어야 하기 때문일 수도 있습니다.

하지만 한편으로 신뢰라고 하는 것이 보수적이고 전통적임을 대변하지는 않죠. 그래서 브랜드 F는 다른 기업들과 다르게 '창의적이고 쿨함'을 키워드로 정했습니다. 이들의 대상이 젊은 스타트업임을 고려했을 때 오히려 기존 액셀러레이터의 이미지와는 다른 노선을 선택함으로써 자사에 대한 호기심을 더 자극할 수 있다고 생각한 것입니다.

감성적 핵심경험을 정의하니 이와 연결된 이 브랜드만의 차별점으로 자연스럽게 확장할 수 있었습니다.

바로 'Growth journey focused'입니다. 일반적인 투자회사들이 'Financial matrics focused', 즉 재무 지표만을 가지고 투

자할 기업을 바라보는 반면 이 기업은 정반대의 입장을 취한 것이죠. 투자한 회사에 멤버들이 디렉터로서 적극적으로 합류하여 성장을 돕기 때문에 재무적인 지표가 아니라 기업의 성장 과정에 더 집중한다는 얘기입니다. 이런 이미지를 획득해야 투자자에게 더욱 믿음을 줄 수 있을 것이고 투자를 받는 스타트업도 이 기업을 더 긍정적으로 바라볼 테니 말입니다.

그리고 'Inspirational'이라는 키워드로도 연결했습니다. 결국 기존 액셀러레이터 시장의 치열한 경쟁에서 직접 부딪치는 파이터 모드보다는 이 시장에서 경쟁하는 모두에게 '영감을 주는 브랜드'로 우리를 포지셔닝해야 한다는 생각에서 나온 것입니다. 즉 창업가들에게는 새로운 비전을 품고 자신만의 길을 개척할 있도록 영감을 제공하는 브랜드가 될 수 있고요. 다른 기업에게는 이겨야 하는 경쟁 상대보다는 브랜드 F의 행보에서 영감을 얻고, 협업하고 싶은 동료 회사라는 이미지를 만들 수 있을 것입니다.

고객들이 왜 우리 브랜드를 알아야 하는가

그렇다면 고객들은 왜 이 액셀러레이터 F를 알아야 할까요? 이를 다음과 같이 명확하게 정의할 수 있었습니다. 스타트업은 이 기업과 함께라면 브랜딩과 제품 전략같이, 우리에게 반드시 필요하지만 매우 부족한 부분에서 많은 도움을 받을 수 있다고 믿을 수 있습니다. 이는 스타트업이 더 빠르게 성장하도록 도울 수 있으리라는 신뢰입니다. 그리고 투자자 입장에서는 중요한 영역을 브랜드 F의 멤버들이 직접 디렉팅하여 내가 투자한 금액 대비 다른 곳보다 더 많은 이익을 볼 확률이 높아질 수 있다는 믿음이기도 하죠.

그리고 이 기업의 모든 전개 방식이 다른 곳과 비교했을 때 확연히 다르기 때문에 독보적인 존재감을 드러내는 것까지 생각을 확장할 수 있습니다. 브랜드 F는 직접적인 고객을 넘어 투자 분야에 있는 모든 사람에게 각인될 수 있는 것이죠. 이런 인식과 감성적 이미지를 시장에 남겨야 합니다.

핵심경험을 브랜딩 전략으로 연결

우선 이 기업은 로고와 심볼, 웹사이트 디자인과 같은 시각적 영역에 집중했습니다. 여타 기업과는 이미지적으로 다르다는 것을 확실히 보여줄 필요가 있었기 때문입니다. 대부분 액셀러레이터 기업의 홈페이지는 딱딱하다고 느껴질 정도로 정형화되어 있습니다. 좋게 얘기하면 정갈하다고도 할 수 있겠지만, 대체로 전통적이고 개성이 없죠.

그래서 이 기업은 로고와 심볼, 웹사이트 디자인을 매우 크리에이티브한 방향으로 전개했습니다. 기존과는 전혀 다른 톤앤매너의 웹사이트를 만들려고 한 겁니다. 마치 힙한 비주얼 아이덴티티를 가진 디자인 회사나 젊은 감성의 해외 스타트업 웹사이트를 보는 것과 같은 느낌을 주려 했습니다. 이것만으로도 '쿨하다', '크리에이티브하다', '다르다'라는 느낌을 물씬 풍길 수 있도록 말이죠.

영어권 국가를 대상으로 하는 비즈니스가 아닌데도 의도적으로 영문 웹사이트와 한글 웹사이트를 동시에 운영했습니다. 또한 기존의 투자회사에서 볼 수 없었던 UI$^{User\ Interface}$ 및 인터랙티브 디자인$^{interactive\ design}$도 적극 차용했습니다. 기존 액셀러레이터에서는 볼 수 없었던 새로운 콘셉트의 브랜드 영상을 제작하기도 했죠. 최근 흐름에 따라 단순히 글로 설명하는 것보다 영상이나 쇼츠로 홍보하는 것이 더 강력하다고 판단했기 때문입니다.

총 4편으로 나눠지는 이 필름에는 멤버 세 명이 각각 자신이 생각하는 이 회사를 설립한 이유와 자신들이 그간 어떤 식으로 스타트업을 성장시켰고 또 앞으로 어떤 방식으로 도울 수 있는지를 20년 이상의 경력을 바탕으로 설명합니다. 이 영상 중 일부를 편집하여 하나의 회사 소개 영상을 만들었습니다.

이 역시 뻔한 인터뷰 영상이 아닌 촬영 장소부터 무드, 중간중간 타이포그래피와 이미지들을 녹여 굉장히 힙하게 뽑아냈어요. 이들의 감성적 핵심경험인 'Creative & Cool'을 잘 드러내는 브랜드 영상은 그 자체만으로도 브랜드 F가 앞으로 어떻게 성장할지를 고객에게 효과적으로 전달할 수 있었습니다.

기존 투자회사에서 사용하던 용어 역시 이 기업의 새로운 용어와 방식으로 바꿔 커뮤니케이션합니다. 새로운 용어들은 분위기를 환기하는 좋은 장치 중 하나이기 때문입니다. 일반적으로 액셀러레이터들은 투자 대상 회사들을 한 공간에 모아 그들의 프레젠테이션을 듣고 심사하고 우승자를 발표하고 네트워킹을 하는 데모데이를 개최하는데요. 그에 비해 브랜드 F는 '데모데이'라는 이름을 '캠프^{CAMP}'로 바꾸고 일반적인 콘퍼런스가 아닌 캠핑장에 모이는 콘셉트로 바꿨습니다. 모두 캠핑장에 모여 앉아 가운데 불을 피워놓고 자기소개를 하고 서로 얘기하고 함께 토론하고 네트워킹하는 전혀 다른 모습을 보여준 거예요. 그리고 이를 영상으로 촬영하여 예비 고객들에게도 릴리즈했습니다.

또한 업계에서 쓰이는 전통적인 용어들도 다르게 정의했는데 스타트업은 씨를 뿌리는 사람이라는 뜻의 '소어스^{Sowers}', 투자자는 그 씨앗을 뿌리내리게 해준다는 의미의 '루터스^{Rooters}', 그리고 이 액셀러레이터 그룹을 도와주는 전문가 집단은 씨앗을 건강하고 빠르게 성장시킨다는 의미에서 '부스터스^{Boosters}'라는 명칭을 붙였습니다. 그리고 이런 과정들을 모두 소셜미디어에 순차적으로 공개했습니다.

그러자 시장에 전혀 새로운 액셀러레이터가 등장했다는 소문이 퍼졌습니다. 이런 소문은 자연스럽게 스타트업과 투자자들의 입소문을 타고 확산됐고, 스타트업 정보를 소개하는 매체에서도 이 기업의 창립 소식을 다뤘습니다. 여러 매체에서 인터뷰 요청이 들어오기도 했죠.

또한 이들의 부스터스 모집에는 예상을 뛰어넘는 다양한 분야의 전문가들이 지원했습니다. 이렇게 든든한 조력자를 빠른 시일 내에 얻은 이 기업은 곧바로 소어스를 모집했습니다. 많은 이들이 다양한 스타트업에서 이 기업과 함께하기 위해 적극적으로 지원했는데요. 브랜드 F는 많은 스타트업의 지원에 힘입어 그중 자신들과 가장 잘 맞고 성장 가능성이 있는 기업을 선발할 수 있었습니다. 또한 이것이 루터스에게 어필되어 1차 투자를 성공적으로 마쳤고요. 이런 차별점들을 통해 브랜드 F는 시장에서 경쟁사들과 자신을 구분 짓는 가치를 만들고 성공적으로 시장에 안착했습니다.

파트 4

핵심경험을 확산시키는 데 필요한 것들

이 파트에서는 브랜드의 핵심경험을 소비자에게 제대로 전달하기 위해, 브랜드 담당자가 가져야 할 태도와 마인드셋을 다룹니다. 브랜딩은 단순한 메시지 전달이 아닙니다. 브랜드가 세상에 어떤 경험을 남길 것인지 고민하고, 그것을 일관되게 실현하는 과정이죠. 그 어떤 좋은 전략일지라도 실행하는 사람의 생각과 태도가 흔들린다면 브랜드가 가고자 하는 방향을 잃을 수밖에 없습니다.

결국, 브랜드를 만드는 것은 사람입니다.
브랜드의 본질을 더욱 선명하게 만들고, 소비자의 기억 속에 오래도록 남을 수 있도록 우리가 가져야 할 태도와 방향을 정리해 보겠습니다.

01. ─────── 핵심경험을 전달할 때 기억해야 하는 것

브랜딩은 합의가 아닌 선언이다

대부분 기업에서는 핵심경험을 도출하고 브랜딩 전략을 구상할 때 합의라는 방법을 선택합니다. 모든 구성원의 합의가 있어야 진행한다는 것인데, 사실 그리 좋은 방법은 아니라고 생각합니다. 너도 좋고 나도 좋은 합의는 모든 기획을 둥글둥글하게 만들기 때문입니다. 주제가 무엇이든 모든 기획은 뾰족해야 합니다. 그렇지 않으면 타깃의 머릿속에 깊은 인상을 남길 수 없거든요. 이 사람의 의견을 듣고 저 사람의 의견을 듣는 것도 중요하지만, 결국 문제는 결정입니다.

모든 사람의 마음에 드는 안으로 결정한다는 것은 불가능에 가깝습니다. 만약 모든 구성원이 만족하는 안이라면, 모든 것을 담되 아무것도 제대로 내세우지 못하는 평준화된 기획일 확률이 매우 높습니다. 따라서 핵심경험을 정의하는 일, 그리고 그에 맞춰 브랜딩을 기획하는 일은 합의가 아닌 선언이라고 봅니다.

핵심경험을 정의하는 일을 한번 생각해볼까요? 우리만의 강점을 찾는다는 건 그리 쉬운 일이 아닙니다. 게다가 모든 구성원이 동의하는 강점을 도출하는 건 더더욱 어렵습니다. 사람마다 관점과 평가가 다르기 때문입니다. 한쪽에서 '여기에 초점을 맞추자'라고 하면 그 밖의 강점을 어필할 수 없다는 것에 아쉬워하는 의견들이 분명히 나오게 되어 있어요. 그러므로 가장 큰 강점이라고 생각하는 것 하나를 선택해서 이를 중심으로 모든 것을 보강해나가야 합니다.

앞서 기능적 핵심경험의 사례로 소개한 라운즈는 기능적 핵심경험을 실시간 가상피팅으로 잡았습니다. 하지만 이 외에도 라운즈만이 가진 장점들이 더 있었습니다. '입점 브랜드가 많다', '얼굴형을 분석해서 안경을 추천해준다' 등이었는데요. 그럼에도 '실시간 가상피팅'을 기능적 핵심경험으로 선언한 뒤 이를 중심으로 서비스를 개편하고 커뮤니케이션을 진행했습니다. 그 결과 시장에서 좋은 반응을 일으킬 수 있었죠.

감성적 핵심경험은 더욱더 선언의 영역입니다. 기존의 특성에서 찾기보다는 새롭게 만들어나가야 하는 경험이기 때문입니다. 배민이 B급 유머코드를 감성적 핵심경험으로 설정하고 이를 중심으로 브랜딩을 전개한 것, 오틀리가 힙한 패기로 시장의 부정적인 이슈에 맞선 것 등은 모두의 합의가 아닌 뾰족한 선언에서 출발했을 가능성이 매우 큽니다. 만약 구성원들이 모두 모여 합의하는 과정을 거쳤다면 B급 유머코드나 과감한 패기를 선택할 수 없었을 것입니다. 이보다 안전하고 무난한 무언가로 결정됐겠죠.

핵심경험을 설정하는 과정에서 다양한 의견을 듣는 것은 필요하지만, 최종적으로는 한 방향으로 정해야 합니다. 합의가 아닌 선언이 되어야 더 뾰족하고 날카로운 방향을 설정할 수 있습니다.

나음보다 다름이 중요하다

남들보다 조금이라도 나은 점이 있다는 것도 중요합니다. 그런데 핵심경험을 전달할 때 중요한 것은 남들과 얼마나 다른 경험을 줄 수 있느냐입니다. 설령 도출한 기능적 핵심경험이 이미 시장에 존재하는 것이더라도 경쟁사와 얼마나 다르게 전달하는지가 중요하죠. 나음보다 다름이 중요하다는 뜻입니다.

그리고 다름은 감성적 핵심경험에서 더 빛이 납니다. 기능적 핵심경험은 언젠가 남들이 카피할 수도 있지만, 감성적 핵심경험은 다르죠. 우리가 시장에서 경쟁사보다 얼마나 다른 경험을 줄 수 있을지는 그것을 도출하고 설정하는 과정에서 충분히 만들어질 수 있기 때문입니다. 그래야 사람들의 시선을 모을 수 있고 우리가 시장에서 회자되게 할 수 있습니다. 남들과 비슷하다면 사람들이 딱히 우리 얘기를 할 이유가 없을 테니까요.

이는 시장을 선점하고 있는 기업들 또는 인지도가 높은 대기업들보다는 후발주자로 들어온 스타트업에 더욱 중요합니다. 남들보다 무엇이든 달라야 사람들이 우리를 한 번이라도 더 쳐다볼 테니까요.

가상의 액셀러레이터 브랜드 F를 생각해볼까요? 시장에 후발주자로 들어온 이 기업은 결국 자신의 감성적 핵심경험을 기존 액셀러레이터가 가지고 있는 인식과는 전혀 반대의 이미지로 설정하고 그에 맞춰 브랜딩을 전개했습니다. 앞서 소개한 리퀴드데스도 마찬가지입니다. 파격적인 카피를 사용하고 좀비물 영화에 PPL을 하다니, 업계의 고정관념을 벗어나 완전히 다른 길을 갔죠.

그러니 늘 다르게 생각하기 위해 노력하시기 바랍니다. 기존 생각의 틀에서 한 발짝 빠져나와 생각해야 합니다. 생각의 관성을 벗어나는 게 중요합니다. 어떤 브랜딩을 기획하든 기존 시장의 방식은 잊으세요. 다른 기업들이 늘 하던 방식은 되도록 멀리하세요. 아니, 그것을 한쪽에 두고 다른 방식을 선택하세요. 남과 다른 선택을 하는 데는 용기가 필요하지만, 보편화된 방식을 따라간다면 아무도 우리 브랜드를 기억해주지 않을 것입니다.

일관된 이미지를 보여주어야 한다

보통 우리는 일관된 모습을 보여주는 사람에게 신뢰와 믿음이 갑니다. 신뢰와 믿음까지는 아니더라도 일관된 모습은 최소한 그 사람의 개성 또는 아이덴티티가 될 수 있죠. 즉 그 사람을 생각할 때 떠오르는 이미지가 된다는 얘기입니다. 그러므로 자신이 가지고 싶어 하는 이미지가 있다면 그 이미지를 한결같이 보여줘야 하죠. 이를 브랜드로 바꿔봅시다.

당신의 브랜드는 어떤가요? 일관된 이미지를 가지고 있나요? 사람들이 당신의 브랜드를 생각할 때 떠올리는 이미지가 대체로 비슷한가요? 만약 각기 다르다면 당신의 브랜드는 지금껏 일관된 모습을 보여주지 않은 것이고, 떠오르는 이미지가 아예 없다면 더 큰 문제겠죠. 사람들에게 비치는 이미지가 제각각이거나 없다는 것은 이 브랜드가 핵심경험을 고민하고 설정하는 과정을 거치지 않았다는 것을 의미합니다. 고객에게 전달해야 할 이미지나 감성의 키워드가 없다는 거죠.

또는 키워드를 정의했다고 하더라도 브랜딩을 통해 고객에게 전달되지 않은 것일 수도 있고요. 당신의 브랜드가 바라는 이미지가 있다면 그것을 핵심경험으로 명확히 설정하세요. 그리고 모든 서비스와 메시지, 브랜딩 전략에 그것을 녹이기 바랍니다.

결국 꾸준함이 답이다

파트 1의 가치소비 부분에서 소개한 저의 러닝 경험, 기억하시나요? 수많은 스포츠 브랜드 중 왜 저는 가격이 더 비싼 나이키를 선택했을까요? 왜 나이키를 입고 신으면 더 잘 뛸 수 있다는 생각이 들었을까요? 저도 왜 이런 생각이 들었는지를 곰곰이 짚어봤는데 결국 답은 딱 하나였습니다. 나이키의 'Just do it' 캠페인을 청소년 시절부터 늘 접하면서 성장했기 때문입니다.

이 캠페인은 1988년에 시작했다고 합니다. 지금까지도 나이키는 이 캠페인을 국내외적으로 진행하고 있습니다. 그러니 이 캠페인을 보고 자란 제가 나이키를 선택한 것은 어찌 보면 예견된 결과일지도 모르겠습니다.

첫술에 배부를 수 없는 법입니다. 무엇이든 꾸준히 한길을 가야 효과가 나타나는 법이죠. 그러니 브랜딩을 시작했다면

한두 번의 결과에 연연하지 말고 꾸준히 진행하기 바랍니다. 그러면 당신의 브랜드를 알아줄 사람들 역시 꾸준히 늘 것이고 언젠가는 열광적으로 지지하는 팬도 생겨날 것입니다. 여기서 중요한 점은 무엇을 꾸준히 보여줄 것인가인데, 그것이 바로 브랜드의 핵심경험이죠.

진정성은 마음을 움직이게 한다

결국 브랜딩은 사람들의 마음을 움직이는 일입니다. 우리 브랜드에 관심을 갖게 하고 더 나아가 좋아하게 하는 과정이 모두 사람의 마음과 연결되어 있으니 말입니다.

사람의 마음을 움직이게 하는 요소 중 하나는 바로 진정성입니다. 여기서 진정성이란 단지 착하거나 솔직함을 얘기하지 않습니다. 얼마나 진심으로 우리 브랜드를 고객에게 알리느냐가 핵심이죠. 즉 우리 브랜드의 무엇을 얼마나 진정성 있게 고객에게 전달하는지에 대한 태도나 활동을 말합니다.

제가 젠틀몬스터의 브랜딩에 감탄하는 것도 그들의 진정성 때문입니다. 자신들의 예술적 감각과 실험정신을 플래그십 스토어를 통해서 그리고 탬버린즈와 누데이크를 통해서 정말 혼을 담아 전달하니까요. 이는 브랜딩을 잘한다고 하는 많은 기업에서 공통으로 보이는 특징이라 할 수 있습니다. 그렇게 하려면 브랜드만의 생각과 철학이 명확해야 하죠. 그래야 모든 자원을 집중적으로 투입해 커뮤니케이션할 수 있으니까요. 진정성은 그 과정에서 드러나기 마련입니다.

그리고 이것을 위해서는 핵심경험이 분명해야 합니다. 고객들에게 전달할 우리 브랜드의 경험을 정의해야 이후 과정으로 나아갈 수 있기 때문입니다. 브랜드만의 생각과 철학은 그 브랜드가 전달하고자 하는 경험과 많은 부분에 연결되어 있습니다. 브랜드가 가진 생각이 자연스럽게 고객 경험에 반영될 수밖에 없기 때문이죠. 브랜드가 고객에게 자신만의 가치 있는 경험을 제공하고자 하는 의지를 보여주면, 그만큼 개성과 경쟁력을 유지할 수 있습니다. 또한 진정성은 브랜드가 고객과의 신뢰를 쌓아가는 과정에서 중요한 역할을 합니다. 이런 과정에서 브랜드의 팬이 만들어짐은 물론이고요. 그러므로 브랜딩의 시작점에서 고객에게 어떤 것을 전달할지, 고객이 왜 우리를 알아야 하는지를 고민하며 핵심경험을 도출해야 합니다.

때로는 반전 매력도 필요하다

반전 매력이 있는 사람을 만나본 적이 있나요? 평소와는 다른, 의외의 모습에서 긍정적 인상을 받았을 것입니다. 이종범 웹툰 작가의 〈스토리캠프〉라는 유튜브 영상에서 본 건데, 백

종원 사업가가 인기 있는 이유는 비즈니스를 잘 운영해서도 있지만 반전 매력이 있어서 그렇다고 하더라고요. 본인의 사업과 요리에서는 굉장히 날카롭고 철저한 모습을 보이지만, 시청자들과 소통할 때는 인간적인 면모가 드러나기에 그 간극에서 더 흥미를 느낀다는 말입니다.

브랜드도 마찬가지여서 때로는 반전 매력이 필요합니다. 반전 매력은 고객들이 브랜드를 새로운 시각에서 바라보게 하고, 브랜드에 대한 흥미와 관심을 증폭시키는 중요한 요소입니다. 예상하지 못한 방식으로 브랜드의 이미지를 새롭게 바라보게 하고 강렬한 인상을 남겨 차별화된 브랜드 아이덴티티를 구축하는 데 기여하죠.

하지만 반전 매력에는 전제 조건이 있습니다. '반전'이라는 단어가 떠오르게 하려면 그 브랜드에 대한 명확한 인상과 이미지가 시장에 각인되어 있어야 합니다. 즉 핵심경험을 설정하고 그 방향대로 꾸준히 브랜딩을 해온 기업이어야 이미지에 대비를 주는 반전을 일으킬 수 있죠. 반대로, 브랜드 이미지가 아직 뚜렷하지 않은 상태에서 반전 매력을 시도하면 오히려 혼란을 줄 수 있습니다. 한편으로는 기존에 별다른 매력이나 인식이 없던 브랜드가 새롭게 브랜딩을 하면서 반전 매력을 발산하기도 합니다. 이 역시 새롭게 브랜딩을 하기 위해서는 우리 브랜드만의 핵심경험을 설정해야 하죠. 그러니 핵심경험은 브랜드가 반전 매력을 발산하고자 할 때 단단히 잘 만들어져 있어야 하는 개념이라고 할 수 있습니다.

다양한 영역으로 확장하라

기존의 카테고리를 넘어 다양한 영역으로 브랜딩을 확장하는 것에 대해서 어떻게 생각하시나요? 이 말을 들으면 왜 굳이 그래야 하느냐는 생각이 떠오를지도 모르겠네요. 당연합니다. 우리 브랜드가 자리 잡고 있는 시장에서 위치를 굳건히 하는 것만도 벅찬데 무엇 하러 다른 영역까지 신경 써야 하느냐는 생각이겠죠. 선택과 집중의 측면에서 말입니다. 하지만 브랜드가 전달하고자 하는 핵심경험이 명확하다면 이를 다양한 영역으로 확장할 때 브랜드 이미지를 더 단단히 할 수 있습니다.

앞서 소개한 젠틀몬스터가 딱 들어맞는 사례입니다. 젠틀몬스터의 감성이 화장품과 디저트 브랜드로 확대되니 이미지가 더 부각되는 효과를 거두지 않았던가요? 탬버린즈라는 화장품 브랜드와 누데이크라는 디저트 브랜드에는 젠틀몬스터에서 만든 브랜드라는 꼬리표가 따라다닙니다. 이게 나쁜 게 아니거든요. 그만큼 젠틀몬스터에 대한 팬심을 다지면서 이 확장된 두 브랜드에 대한 기대감과 팬심도 함께 높일 수 있으니 말이죠.

주요 카테고리 외의 카테고리로 상품을 확장하면 이렇듯 여러 면에서 기존 브랜드를 더 단단하게 할 수 있습니다. 이는 크게는 사업 확장의 영역뿐 아니라 다른 브랜드와의 전략적 협업 측면에서도 유효합니다.

애플과 나이키가 협업해 내놓은 애플워치 나이키가 이런 사례입니다. 나이키는 애플을 통해서 스마트워치 시장에 자연스럽게 진출했고 동시에 나이키 런클럽 앱을 운영하면서 애플워치와의 시너지를 만들어냈죠. 즉, 이를 통해 나이키와 러닝이 자연스럽게 연결되도록 했어요. 그 덕에 나이키의 브랜드 이미지이자 감성적 핵심경험인 '스포츠맨십'과 '도전정신'이 더 단단해진 것이죠. 나이키의 팬들이 애플의 스마트워치를 구매함으로써 애플은 매출을 올렸고요.

제가 큼직한 사례만 소개한 것 같은데, 확장의 영역은 그

외에 다양한 콜라보의 형태로도 가능합니다. 이렇게 영역 확장을 브랜딩 전략으로 활용하려면 조건이 있습니다. 그만큼 브랜드의 개성과 아이덴티티가 단단해야 하죠. 즉 자신만의 명확한 아이덴티티를 가지고 있어야 합니다. 브랜드가 무엇을 상징하며, 어떤 가치와 경험을 소비자들에게 전달하는지가 뚜렷해야 해요. 그래야 다른 브랜드와 협력할 때 자신의 가치를 유지하면서 시너지를 창출할 수 있습니다. 결국 브랜드가 소비자와 팬들에게 전달하는 핵심경험이 얼마나 탄탄한지가 중요합니다.

02. ──────── 브랜딩을 하는 사람에게 필요한 태도

브랜딩을 떠올리면 무엇이 생각나시나요? 브랜드 캠페인? 멋진 커뮤니케이션 메시지? 개성 있는 디자인? 모두 브랜딩의 일부가 맞습니다. 하지만 브랜딩에서 가장 큰 비중을 차지하는 것은 브랜딩 디렉터의 의지와 갈망입니다. 누구나 브랜딩을 시작할 수는 있어도 누구나 브랜딩을 계속할 수는 없는 이유가 바로 이것이라고 생각하는데요.

브랜딩만이 기업 성장의 최고 솔루션이라고 얘기하는 것은 절대 아니지만, 기업에 따라서는 현재 상황에서 다른 선택의 여지가 없는 전략일 수도 있습니다. 요즘 많은 기업의 대표님들을 만나는데, 브랜딩을 하고자 하면서도 이것에 투자하고자 하는 열망을 지닌 분은 일부에 지나지 않았습니다.

말하자면 이런 질문들을 하시거든요. "브랜딩하는 데 얼마만큼의 비용이 필요한가요?", "브랜딩을 하려면 어느 정도의 기간이 걸립니까?" 브랜딩이 마음먹고 뚝딱하면 완성되는, 일종의 1회성 작업인 것처럼 생각한다는 방증인데요. 마치 3층짜리 건물을 지으려 하는데 시간은 얼마나 걸리고 비용은 얼마나 드는지를 묻는 것과 비슷합니다. 물론 다음과 같은 질문이라면 답변할 수 있겠죠. "우리 브랜드의 팝업스토어를 열려고 하는데 디스플레이할 제품과 장소는 정해놓았습니다. 언제 정도에 오픈할 수 있고 비용은 얼마나 들까요?"

하지만 정작 알고자 하는 것이 건축이나 시공 관련 내용이 아니라 브랜딩에 대한 것이라면 답하기가 어렵습니다. "우리는 이번 팝업스토어 오픈을 시작으로 사람들에게 우리 브랜드는 이런 차별점이 있는 브랜드라는 것을 알리고, 또 많은 사람이 그 가치에 공감하기를 바랍니다. 사람들에게 공감대를 형성하기 위해서 얼마의 비용이 필요하고 그 기간은 어느 정도 걸릴까요?"

여기에 답변할 수 있다면 신의 영역에 다다른 사람 아니면 사기꾼일 확률이 높다고 생각합니다. 그만큼 브랜딩은 하루아침에 만들어질 수 없고, 투자해야 하는 예산도 천차만별이거든요. 앞서도 언급했지만, 브랜딩은 완성이란 것이 없는 행위입니다. 그러니 그 행위를 계속하기 위해서는 의지와 갈망이 필요하죠.

브랜딩은 다분히 목적 지향적인 활동입니다. 소비자들에게 우리 브랜드만의 가치를 어떤 식으로든 인식시켜야 합니다. 우리만의 가치를 소비자의 머릿속에 집어넣기 위해서 얼마가 필요할지, 얼마나 걸릴지는 실제로 해봐야만 가늠할 수 있고요. 심지어 하면 할수록 더 많은 시간이 필요해질지도 모릅니다. 기억이라고 하는 것이 한번 누군가의 머릿속에 자리 잡았다고 해서 계속 유지되는 것도 아니니 말이죠.

앞의 질문들을 받을 때마다 저는 브랜딩을 위해서 얼마나 투자할 수 있고 어디까지 시도할 수 있느냐고 반문합니다. 여러분은 어떻습니까? 브랜딩에 어느 정도의 열망을 가지고 있나요? 브랜딩이 장기적으로 우리 기업을 위해서 중요하다고 생각하나요? 멋지고 개성 있는 브랜드로 사람들의 기억에 남고 싶나요?

브랜딩을 하고자 하는 사람이 갖춰야 하는 태도에는 여러 가지가 있지만, 그중에서 여섯 가지를 강조하고자 합니다.

집요하게 갈망하라

브랜딩을 하기로 마음먹고 일단 시작했다면, 그 끈을 놓지 않는 것이 중요합니다. 끈을 놓지 말라고 하는 이유는 브랜딩 과정에서 수많은 고민과 시행착오를 겪을 수 있기 때문입니다. 결론적으로 말하면 모두 필요한 과정이라고 생각합니다. 치열한 고민과 시행착오 없이 성공한 브랜딩이란 없기 때문이에요. 괴롭고 힘든 많은 일이 생길텐데요. 그 고비를 넘기려면 마음가짐이 중요하다고 생각합니다.

바로 브랜딩에 대한 갈망의 마음인데요. 저는 주로 이런 모습을 떠올리곤 합니다. 우리 브랜드가 사람들에게 인지되고, 점차 팬들이 생겨서 그들을 통해 브랜드가 확산되어 많은 소셜미디어에서 언급되는 장면이요. 더 나아가 브랜드가 성장하면서 더 많은 사람이 우리 브랜드로 유입되고, 결국 기업의 가치가 올라가는 날을 그리기도 합니다. 이렇게 스스로 꿈꾸는 이상향을 한번 만들어보는 것도 좋습니다.

비록 지금은 초기 단계의 고민과 시행착오로 어려움을 겪고 있지만, 그 이상향을 언젠가는 만들고 말 것이라는 집요한 열망이 정말 중요합니다. 그래야 단기간의 결과에 연연하지 않고 장기적인 플랜하에 브랜드를 목표 지점까지 끌고 갈 수 있습니다.

그러려면 우리 브랜드의 정체성, 즉 아이덴티티가 정말 단단해야 합니다. 현재의 우리 브랜드와 경쟁사 브랜드에 대한 인식부터 미래의 우리 브랜드에 대한 인식을 검토하고, 고객들에게 집중적으로 어필할 경험도 도출해야 하죠. 우리 브랜드만의 핵심경험을 뾰족하게 선언하고 이를 중심으로 브랜딩 활동을 전개한다면 갈망하는 바를 언젠가 이룰 수 있을 것입니다.

노력은 배신하지 않는다

브랜딩은 기획에 따라 예산과 범위, 규모가 달라지죠. 하지만 브랜딩에서 중요한 것은 규모가 아니라는 걸 기억하기 바랍니다. 규모가 크건 작건, 남들과 차별화되는 우리만의 가치를 명확히 전달하는 것이 더 중요합니다. 작은 프로젝트라고 비중을 낮춰서 생각하는 것은 굉장히 위험합니다. 미래의 고객이 어느 지점에서 어떤 경로로 우리를 만날지는 아무도 모르기 때문입니다. 그러니 모든 프로젝트에 최선을 다하세요. 설령 수치상으로 만족스럽지 않더라도 괜찮습니다. 그 작은 프로젝트를 통해서 누군가는 우리를 기억하고 우리에게 관심을 가질 수 있기 때문입니다. 예산, 범위, 규모와 상관없이 모든 브랜딩 활동에 최선을 다하는 것이 중요합니다.

저 역시 적은 예산의 프로젝트였음에도 그 안에서 고객에게 차별화된 이미지를 남기기 위해 기획에 많은 시간을 들이고 실행에서도 디테일한 노력을 아끼지 않았습니다. 오히려 예산이 없으니 더 많이 생각하고 고민했죠. 당시에는 몰랐지만 나중에 그 프로젝트를 통해 우리 브랜드를 처음 봤고 그때부터 계속 관심을 가지고 주목해왔다는 사람들을 종종 만났습니다. 아마 이들을 통해 주변 사람들도 우리를 알게 됐을 겁니다. 만약 그것이 작은 프로젝트라고 해서 제가 관심의 비중을 낮췄다면 이런 결과는 얻지 못했을 거예요.

세상 어떤 일에서도 노력은 절대 배신하지 않는다고 생각합니다. 그래서 매 프로젝트에 최선을 다하는 것이 정답입니다. '최선을 다하는 것'이 어떤 수준이냐고 묻는다면, 저는 누군가에게 "왜 그렇게까지 해?"라는 얘기를 들을 때까지라고 답하고 싶습니다.

속도보다 중요한 것은 방향이다

어떤 일을 할 때 빨리 결과를 보고 싶어 하는 건 당연합니다. 가끔 브랜드가 인지도를 얻으려면 기간이 얼마나 걸리느냐는 질문을 받는데요. 그때 저는 얼마나 많은 노력을 쏟을 수 있느냐고 되묻습니다. 얼마나 많은 투자를 하느냐에 따라 성과도 빨리 나타날 수 있을 테니까요. 하지만 그보다 더 중요한 것이 있습니다. 바로, 정확한 방향입니다.

아무리 속도를 높여도 각각의 브랜딩 메시지가 서로 다른 방향으로 가고 있다면, 목표로 하는 지점에 도달하는 데는 더 오랜 시간이 걸릴 수밖에 없습니다. 결국 속도보다는 방향이란 말이죠. 비록 브랜딩은 끝이 없는 작업이라 최종 목적지라는 건 없지만, 느리더라도 한 방향으로 간다면 1차 목적지에는 도달할 수 있을 거예요. 어쩌면 명확한 방향으로 가는 것이 가장 빠르게, 원하는 목적지에 도달하는 방법일지도 모릅니다.

그러니 늘 핵심경험을 중점으로 브랜딩의 방향을 점검하기 바랍니다. 아무리 고객들의 반응이 좋다고 하더라도 방향이 잘못됐다면 우리가 만들고자 하는 미래의 우리 브랜드에 대한 인식에서 멀어질 뿐입니다.

점검하고 또 점검하라

우리가 진행하는 모든 것이 같은 방향으로 가고 있는지도 매번 점검해야 합니다. 우리가 준비하는 프로젝트가 얼마나 차별점을 가지고 있는지, 그리고 이전의 프로젝트와 같은 맥락인지, 이를 통해 우리 브랜드에 대한 이미지가 더 명확해질지 등을 점검해야 하죠. 이는 브랜드 캠페인과 같은 프로젝트만이 아닙니다. 고객들에게 전달하는 언어, 제품이나 서비스 그리고 소셜미디어 광고까지 동일한 톤앤매너를 가져야 하고 일관된 핵심경험을 전달해야 합니다. 마케터가 담당하는 프로젝트만이 아니라 우리 브랜드의 이름을 달고 고객에게 전달되는 모든 것이 점검의 대상입니다. 그만큼 신경 써야 할 부분이 굉장히 많다는 얘기인 것이죠.

물론 모든 것이 완벽할 수는 없을 것입니다. 하지만 앞서 얘기한 것처럼 고객이 어떤 순간에 우리 브랜드를 경험할지는 누구도 알 수 없습니다. 그러니 고객이 우리 브랜드를 접하는 모든 경로를 파악해서 다양한 고객 여정의 시나리오를 생각해보고 매번 점검하기 바랍니다.

기존 고객은 신규 고객 못지않게 중요하다

기업들이 브랜딩을 하는 이유는 여러 가지인데요. 그중 하나는 신규 고객에게 자신의 브랜드를 어떻게든 매력적으로 어필하기 위해서입니다. 새로운 고객이 들어와야 사용자 규모가 커지고 사용자 규모가 커져야 더 많은 매출이 발생할 수 있다는 생각 때문입니다. 브랜딩을 통해 신규 고객들을 결국 우리 브랜드의 팬으로 만들어야 한다는 것은 맞는데요. 이 과정에서 기업들이 놓치는 것이 하나 있습니다.

바로 기존 고객에 대한 생각입니다. 브랜딩은 우리 브랜드를 좋아하는 팬을 만드는 모든 과정을 말하죠. 팬을 만드는 것이 브랜딩의 목적이라고 할 때, 신규 고객과 기존 고객 중 우리의 팬이 될 확률은 어느 쪽이 높을까요? 우리를 전혀 몰랐다가 어떤 계기로 처음 알게 된 고객일까요? 이미 우리 브랜드의 고객이며, 감정적 유대감을 형성하고 있고, 브랜딩 활동을 지속적으로 접하고 있는 기존 고객일까요?

당연히 후자입니다. 그러니 브랜딩은 오직 신규 고객을 만든다는 방향보다는 기존 고객들과의 관계를 더 단단히 해 우리의 팬으로 만들겠다는 생각으로 접근하는 것이 좋습니다. 그들이 우리의 활동에 더 관심이 많고 반응도도 높기 때문입니다. 기존 고객에게 우리만의 이미지를 꾸준히 전달해 우리 브랜드를 좋아하게 하면, 그들을 통해 신규 고객이 유입될 기회도 더 많아집니다. 그들이 우리 브랜드의 팬이 되는 순간 우리 브랜드를 홍보하는 자발적 전도사가 되기 때문입니다. 이것이 큰 비용을 들여 신규 고객을 대상으로 무언가를 하는 것보다 훨씬 더 효율적인 방법입니다.

그러니 신규 고객에만 집중하지 말고, 기존 고객들을 더 만족시키는 데 최선을 다하세요. 가끔 기존 고객은 제외하고, 새로운 고객만을 대상으로 진행하는 캠페인이나 프로모션, 이벤트 등을 보곤 하는데 이는 상당히 근시안적인 방식입니다. 새로운 고객도 중요하지만 그보다 훨씬 중요한 것은 기존의 고객입니다. 이 점을 기억하시기 바랍니다.

앞으로 나가기 위해서는 자기 증명이 필요하다

브랜딩을 하는 사람들이 가장 걱정해야 하는 상황은 다른 무엇보다 고객들의 기억에서 우리 브랜드가 사라지는 것일지도 모릅니다. 적어도 저는 그렇습니다. 그렇다면, 브랜드는 왜 고객의 기억에서 잊히는 것일까요?

브랜딩을 멈춰서일 수도 있고 우리의 브랜딩이 고객에게 주목을 받지 못해서일 수도 있습니다. 이 두 가지 요소는 서로 밀접하게 연결되어 있습니다. 브랜딩 활동이 고객들에게 충분한 주목을 받지 못하면 효율성이 떨어진다고 판단할 수 있고, 그러다 보면 점점 브랜딩 활동에 소극적으로 변하게 되기도 하니까요. 그렇게 브랜딩은 힘을 받지 못하고, 결국 브랜딩을 포기하는 상황까지 벌어질 수 있습니다. 앞서 소개한 브랜딩의 다양한 효과를 경험해보지도 못한 채, 브랜딩이 중단되는 겁니다.

이런 상황이 벌어지지 않게 하려면 브랜딩 담당자는 무엇에 집중해야 할까요? 크건 작건 브랜딩을 통해 만들어진 긍정적인 효과를 구성원들에게 보여주는 방법밖에 없습니다. 브랜딩의 효과를 본 기업은 더 적극적으로 브랜딩에 예산을 투입하게 됩니다. 그러면 더 많은 브랜딩의 기회가 생기겠죠. 결국 조직에서 브랜딩이 힘을 받게 됩니다.

이러한 과정을 위해서는 반드시 자기 증명이 필요합니다. 정성적인 결과건 정량적인 결과건 간에 우리가 진행하는 브랜딩이 실제로 어떤 성과를 만들어냈으며, 앞으로 어떤 영향을 미칠 수 있는지를 증명해야 합니다.

대단한 결과가 아니어도 좋습니다. 중요한 것은 크건 작건 '이런 반응을 만들었다'는 점을 증명하는 것입니다. 그렇게 조금씩 자기 증명을 해내면서 앞으로 나아가는 것이 중요해요. 그래야 브랜드 마케터 또는 브랜딩 책임자로서 조금씩 인정을 받을 수 있고, 나아가서는 더 적극적인 시도를 할 수 있게 됩니다. 따라서 초반의 증명이 매우 중요합니다. 구성원들이 브랜딩에 대한 믿음을 가질 수 있도록, 브랜딩에 대한 긍정적인 판타지가 만들어질 수 있도록 조금만 더 노력하기 바랍니다.

에필로그

이 책의 여정을 마치며

핵심경험을 찾는 이 여정을 끝까지 완주한 여러분, 고생 많으셨습니다. 이제 여러분에게 제가 다시 묻고 싶습니다.

"당신의 브랜드는 사람들에게 어떤 경험을 전달하고 있나요?"
"당신의 브랜드는 어떤 기억으로 남고 싶나요?"

두 질문은 단순해 보이지만, 그 답을 찾는 과정은 결코 쉽지 않습니다. 브랜드가 소비자의 마음속에 자리 잡기 위해서는 단순히 제품의 품질이나 가격 요인만으로는 부족합니다. 결국, 브랜드는 사람들에게 그 브랜드만이 줄 수 있는 특별한 경험으로 기억되어야 하니까요.

핵심경험은 브랜드와 소비자를 잇는 하나의 연결고리라고 생각합니다. 단순히 제품을 판매하거나 인지도를 높이는 수단을 넘어 고객과 브랜드의 관계를 형성하고, 더 나아가 고객의 정체성에까지 영향을 미칠 수 있는 강력한 존재가 될 수 있으니 말이죠.

물론 모든 관계가 그렇듯 브랜드와 고객의 연결점도 한 번의 노력으로 완성되지 않습니다. 변화하는 시대와 사람들의 기대에 맞춰 유연하게 조정될 필요가 있죠. 그래서 브랜딩이 어렵다고 느껴지는지도 모르겠네요.

그럼에도 어쩌겠습니까? 결국 해내야죠. 우리 브랜드가 남들과는 다른 경험과 가치를 전달하고, 고객의 기억 속에 우리가 의도한 모습으로 남기 위해서는 계속 앞으로 나아갈 수밖에 없습니다. 노력하는 만큼 우리 브랜드는 사람들의 삶 속에 녹아들고, 그들의 기억 속에 자리 잡을 것이라 생각합니다.

여러분의 브랜드가 사람들의 마음속에 오래도록 빛나기를 진심으로 바라며, 멀리서나마 뜨거운 응원을 보냅니다.

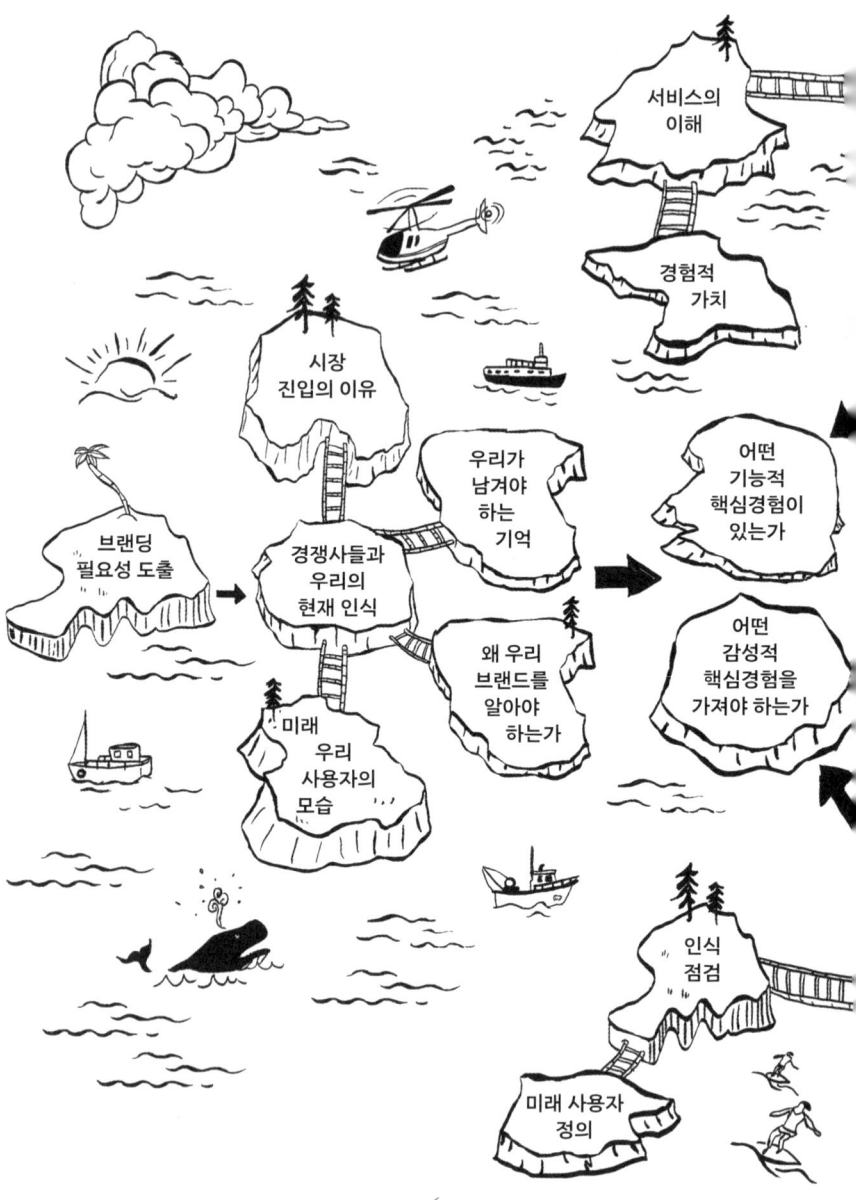

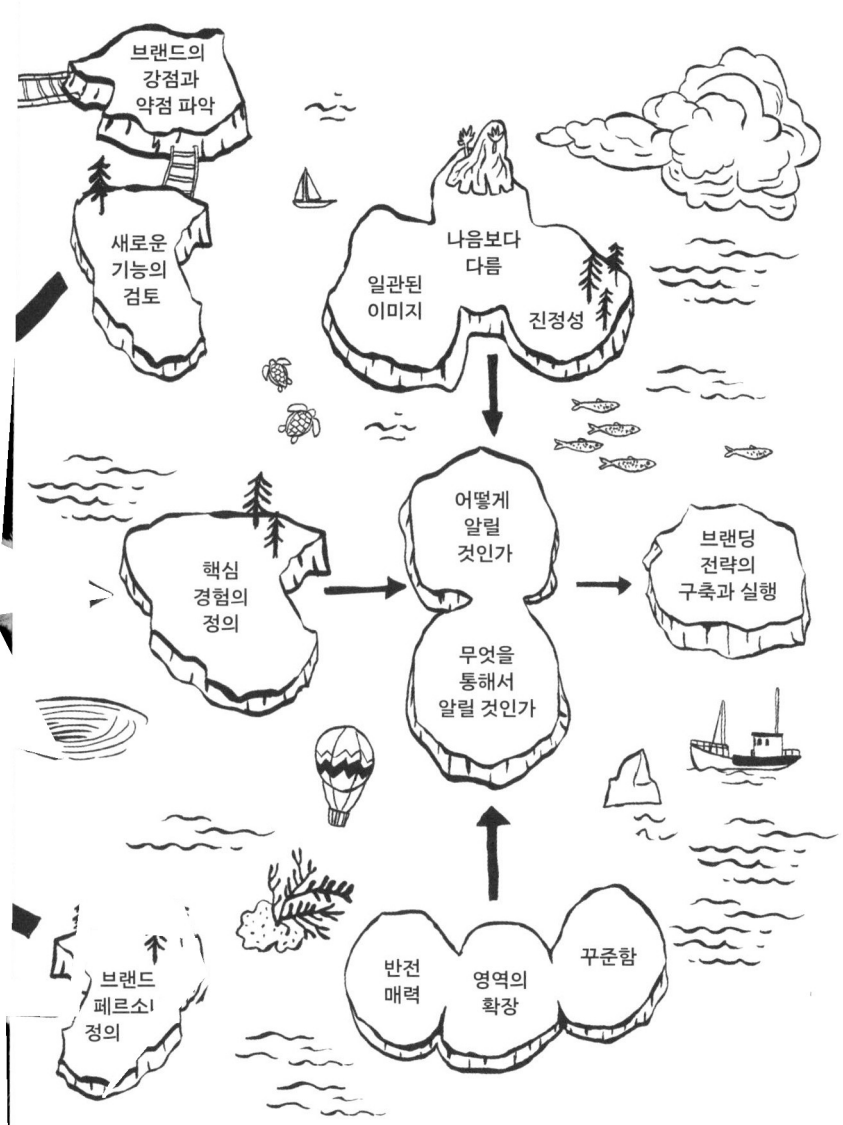

핵심경험론

초판 발행 · 2025년 3월 7일

지은이 · 전우성
발행인 · 이종원
발행처 · (주)도서출판 길벗
브랜드 · 더퀘스트
출판사 등록일 · 1990년 12월 24일
주소 · 서울시 마포구 월드컵로 10길 56(서교동)
대표전화 · 02)332-0931 | **팩스** · 02)323-0586
홈페이지 · www.gilbut.co.kr | **이메일** · gilbut@gilbut.co.kr

기획 및 책임편집 · 오수영(cookie@gilbut.co.kr), 유예진, 송은경
제작 · 이준호, 손일순, 이진혁 | **마케팅** · 정경원, 정지연, 이지원, 이지현 | **유통혁신** · 한준희
영업관리 · 김명자 | **독자지원** · 윤정아

교정 · 공순례 | **디자인** · [★]규 | **CTP 출력 및 인쇄** · 상지사 | **제본** · 상지사

- 더퀘스트는 (주)도서출판 길벗의 인문교양, 비즈니스 단행본 브랜드입니다.
- 이 책은 저작권법의 보호를 받는 저작물로 이 책에 실린 모든 내용, 디자인, 이미지, 편집 구성은 허락 없이 복제하거나 다른 매체에 옮겨 실을 수 없습니다.
- 인공지능(AI) 기술 또는 시스템을 훈련하기 위해 이 책의 전체 내용은 물론 일부 문장도 사용하는 것을 금지합니다.
- 잘못 만든 책은 구입한 서점에서 바꿔 드립니다.

ⓒ 전우성, 2025

ISBN 979-11-407-1275-5(03320)
(길벗 도서번호 090273)

정가 22,000원

독자의 1초까지 아껴주는 정성 길벗출판사

(주)도서출판 길벗 | IT단행본, 성인어학, 교과서, 수험서, 경제경영, 교양, 자녀교육, 취미실용 www.gilbut.co.kr
길벗스쿨 | 국어학습, 수학학습, 주니어어학, 어린이단행본, 학습단행본 www.gilbutschool.co.kr
인스타그램 · thequest_book | **페이스북** · thequestzigi | **네이버포스트** · thequestbook

전우성에게 묻다

브랜딩 Q&A 모음집

① – ㉓

PROLOGUE

오늘도 남들과 다른
가치를 만들기 위해
고군분투하는 여러분께

안녕하세요, 전우성입니다.

《핵심경험론》을 집필하는 과정에서 브랜딩에 대한 많은 질문을 받았는데요. 이 별책에 여러분이 사전에 남겨주신 질문들에 대한 저의 답변을 담았습니다.

브랜딩과 마케팅의 경계에서의 고민, 브랜딩 과정에서의 궁금증, 일에 대한 태도, 그리고 퍼스널 브랜딩까지 정말 다양한 질문들이 있었는데요. 그중에서 당장 명확한 답을 드리기 어려운 일부 질문을 제외하고는, 가능한 한 모든 질문에 성심껏 답을 달았습니다.

《핵심경험론》뿐만 아니라, 이 Q&A를 통해서 여러분의 브랜딩 고민을 조금이나마 덜어낼 수 있기를 바랍니다.

브랜딩은 단순한 기술이 아니라, 우리만의 경험과 가치를 만들어가는 여정입니다. 이 책이 여러분이 실무를 할 때 작은 길잡이가 되고, 브랜딩을 더 깊이 이해하는 데 도움이 되었으면 좋겠습니다.

브랜딩의 길을 먼저 걸어본 사람으로서, 이 여정을 함께하는 여러분을 진심으로 응원합니다.

브랜딩 디렉터 전우성

브랜드의 본질은 무엇이라고 생각하시나요?

ID_anjin75

저는 브랜드란 '이름'에서 출발한다고 생각합니다. 아이가 태어났을 때 부모가 이름을 지어주는 것과 비슷합니다. 그리고 사람들은 서로의 이름을 불러가며 살아가죠. 마찬가지로 이름 없이 출시하는 제품은 시장에 단 하나도 없잖아요. 그렇게 많은 소비자가 우리 제품의 이름을 불러줍니다.

다시 아이의 비유로 돌아와서, 이름이라는 것은 그 아이의 존재 자체를 의미하기도 합니다. 그렇게 아이는 자신의 이름을 가지고 자라납니다. 그리고 어느 정도 시간이 흐르고 난 뒤 우리가 누군가의 이름을 들었을 때 떠오르는 이미지가 있을 텐데요. 이 이미지는 태어날 때 만들어지는 게 아닙니다.

그 아이가 성장하는 과정에서 자연스럽게 만들어지는 것이죠. 성격이나 외모뿐만 아니라 어떤 일을 하고 무엇을 잘하는지 등의 성장 과정을 통해 그 사람의 이미지가 조금씩 만들어집니다.

　이는 이름을 달고 태어난 제품도 마찬가지라고 생각합니다. 탄생하는 순간에는 어떤 이미지도 가지고 있지 않죠. 성장하는 과정에서 그 제품만의 이미지가 만들어질 수 있습니다. 저는 이것을 만드는 과정을 브랜딩이라고 부릅니다.
　즉 브랜딩은 '이름'에서 출발해 '이름값'을 만드는 과정이라 할 수 있습니다. 우리의 이름에 우리만의 이름값을 스스로 부여하는 것이죠. 이렇듯 제품에 이름을 붙이고 이름값을 정의하고 그 이름값을 만들기 위해 부여하는 모든 활동이 브랜딩이라고 볼 수 있습니다.
　당신의 브랜드는 사람들에게 어떻게 기억되길 원하나요? 그 기억을 설계하고 하나하나 만들어가는 과정이 바로 브랜딩입니다.

QUESTION 02

'브랜딩'이 언젠가부터 업계 종사자가 아닌 소비자들도 자연스레 쓰는 일상어가 됐습니다. 오래 고민하고 업을 이어온 전문가로서 '브랜딩'을 어떻게 정의하시는지 궁금합니다.

ID_raison_sone

ANSWER

브랜딩의 정의는 《핵심경험론》에서 설명하고 있으니 짧게 답하겠습니다. 제가 생각하는 브랜딩은 '남들과 나를 구분 짓는 나만의 가치를 만드는 행위'입니다.

업무상 스타트업 대표님이나 예비 창업자분을 만나는 일이 많습니다. 그런데 극초기 창업자들은 브랜딩이 막연하다고 느끼는 것 같습니다. 그래서 창업의 이유인 'why'를 찾는 본질적인 이야기로 다가가는 경우가 많은데요. 이조차도 어려워하는 대표님들에게 직관적인 질문으로 스스로 솔루션을 찾아가게 하는 방법이 있나요?

ID_s_up_choi

여러 가지 질문을 하며 답을 찾아갈 수 있는데요. 그중 다음의 두 가지 질문을 우선 해보시면 좋겠습니다.

첫째, 우리에겐 왜 지금 브랜딩이 필요한가요?
대표님들은 판타지나 막연한 동경의 시선으로 브랜딩을

바라보는 경우가 종종 있습니다. 브랜딩이 마치 만병통치약인 것처럼 생각하는 분들도 있고요. 하지만 브랜딩은 기업이 처한 상황에 따라서 많은 시간적 자원과 비용적 자원이 들어가는 작업이기도 해요. 그러니 왜 지금 우리 브랜드에 브랜딩이 필요한지를 먼저 명확히 점검하고 스스로 답해볼 필요가 있습니다.

지금 우리 브랜드는 어떤 문제점에 처해 있고 그것을 돌파하기 위해서 어떤 것들이 필요한가요? 그리고 그 문제를 해결하는 데 있어 지금 시점에서 브랜딩이 반드시 필요한지를 점검하는 것이 굉장히 중요합니다. 작은 기업일수록 동원할 수 있는 시간과 비용이 한정적일 테니까요. 기업의 생존을 위해서 당장 해야 할 일이 분명히 있을 것이고, 상황에 따라 이것에 시간과 비용을 모두 투자해야 할 수도 있습니다. 그렇다면 브랜딩이 현재 상황에서 반드시 고려해야 하는 무언가는 아닐 수도 있습니다. 따라서 왜 지금 브랜딩이 필요한지에 대한 명확한 답변을 가장 먼저 찾아야 합니다.

둘째, 사람들이 왜 우리를 기억해야 하나요?
사람들이 왜 우리 브랜드를 기억해야 하는지에 대해 스스로 답을 찾아봐야 합니다. 만약 이에 대한 이유를 찾을 수 없다면 우리만의 강점 또는 차별점이 없다는 의미일 수도 있습니다.

그렇다면 우리 브랜드에 대해서 다시 한번 곰곰이 생각해보는 과정이 필요하죠. 이 과정이 우리 브랜드만의 정체성이자 아이덴티티, 존재의 이유, 더 좁힌다면 핵심경험을 찾아가는 일입니다. 이것으로부터 브랜딩은 시작된다고 볼 수 있습니다.

이 질문에서 파생하여, 우리 브랜드는 사람들에게 어떤 기억을 만들고 싶은지를 고민해야 합니다. 그리고 이 기억에는 기능적인 무언가만이 아니라 감성적인 이미지도 포함되고요(이것이 바로 핵심경험입니다).

QUESTION 04

현직 브랜드&디지털 마케터 입니다. 마케팅은 회사의 돈을 쓰는 부서가 아니라 벌어다 주는 부서라고 생각하고 있고요. 한때 마케터들 사이에서 '브랜드냐 퍼포먼스냐'라는 주제로 시끌시끌했죠. 디렉터님은 브랜드 사이드로 평가받고 계시는데요, 브랜드와 디지털(퍼포먼스+CRM)에 대한 디렉터님만의 철학이 있다면 이야기해주세요.

ID_sonmooung

ANSWER

    이를 (퍼포먼스) 마케팅과 브랜딩을 바라보는 저의 생각을 궁금해하시는 거라 이해해도 될까요? 기업의 궁극적인 목표는 성장입니다. 즉 매출과 이윤을 높이는 것이죠. 따라서 기업의 모든 활동은 이 목적을 달성하기 위해서 존재해야 합니다. 제가 생각하는 퍼포먼스 마케팅은 단기간 내 매출을 올리는 목적에 맞추어져 있습니다. 그러니 돈을 쓰는 부서가 아닌 벌어다 주는 부서라고 생각하기 가장 쉽죠(그리고 동의합니다).

그러면 브랜딩은 단순히 돈을 쓰는 행위일까요? 절대 그렇지 않습니다. 아니, 그렇지 않아야 한다는 게 더 적절한 대답일 수 있겠네요. 브랜딩도 결국에는 다양한 경로로 기업의 성장에 영향을 미쳐야 합니다. 이를 이해하기 위해서는 브랜딩이 기업의 성장에 어떤 효과를 가져올 수 있는지를 알아야 합니다(《핵심경험론》 파트 1의 '05. 잘한 브랜딩은 어떤 효과를 가져다줄까'를 참조).

마케팅과 브랜딩은 각기 다른 역할과 효과를 가지고 있기 때문에 어느 한쪽이 우위에 있다고 말하는 것은 무의미합니다. 그보다 중요한 것은 기업의 시장 환경과 성장 단계에 따라 어떤 전략을 우선적으로 선택하느냐입니다. 이를 전쟁에 비유하면 이해하기 쉬운데요. 전쟁에서 승리하기 위해서는 상대의 전력을 파악하고 다양한 전략과 전술을 상황에 맞게 구사해야 합니다. 지형이 산인지 바다인지에 따라, 그리고 날씨나 시간대에 따라 전술이 달라지듯 저는 기업 경영도 마찬가지라고 생각합니다.

기업이 성장하기 위해서는 다양한 전략이 유기적으로 결합되어야 하죠. 비즈니스 모델을 확장하거나 하나에 집중하는 사업 전략, 인재를 적재적소에 배치하고 성장에 필요한 인력을 영입하는 인사 전략, 자원을 효율적으로 운용하고 투자하는 재무 전략 등이 그 예입니다.

　이렇듯 브랜딩은 기업의 성장을 위한 핵심 전략 중 하나로, 단순한 선택의 문제가 아니라 반드시 고려해야 하는 요소입니다. 기업의 목표는 마치 전쟁에서 승리하는 것과도 같기에, 변화하는 상황에 맞춰 전략을 균형 있게 구사하는 것이 중요합니다. 브랜딩과 마케팅에 대한 생각도 마찬가지입니다.

다품종 소량 생산 분야에서는 어떻게 핵심경험을 찾으면 좋을까요? 제품마다 메시지도 달라야 할지 고민입니다.

ID_sooyoungnini

물론 제품이 다르니 각 제품에 따라 고객에게 전달하는 메시지도 달라야 할 수 있습니다. 하지만 핵심경험은 소비자에게 반드시 전달해야 하는, 말 그대로 '핵심'이 되는 경험입니다. 이 경험이 제품마다 다르게 전달될 수는 없습니다. 이런 문제를 해결하기 위해서는 제품 하나하나보다는 브랜드 관점에서 접근해야 하는데요. 수많은 제품이 있다고 해도, 브랜드는 하나이기 때문입니다.

다시 말하자면 제품이 다양할수록, 모두를 아우를 수 있는 핵심경험을 정의하는 것이 중요합니다. 고객 저마다가 제품을 다르게 느낄지라도(제품이 다양하니 그럴 수밖에 없죠) 그들이 브랜드에서 느끼는 가치는 일관적이어야 한다는 얘기죠. 상위의 핵심경험을 만들어 각기 다른 제품에서도 우리 브랜드만의 무언가를 느끼게 해야 합니다.

적절한 예를 에어비앤비에서 찾아볼 수 있습니다. 에어비앤비에서 제공하는 숙소는 같은 것이 단 하나도 없습니다. 너무나 당연합니다. 평수나 구조가 같다고 해도 인테리어나 집의 느낌 등은 모두 다르니까요. 어쩌면 이것이야말로 다품종 소량 생산의 가장 끝단에 위치한 비즈니스일 수 있겠네요. 에어비앤비는 그들의 핵심경험을 어떻게 정의했을까요?

에어비앤비의 기업 미션을 보면 알 수 있는데, '어디에서나 소속감을 느낄 수 있는 세상을 만드는 것'입니다. 전 세계 사람들을 호스트와 게스트로 연결하여, 누구나 어디서든 소속감을 느낄 수 있는 환경을 조성한다는 것입니다. 그들의 브랜드 캠페인을 '여행은 살아보는 거야'라고 명명한 것이 이를 잘 보여주죠.

전 세계 수많은 숙소가 에어비앤비에 연결되어 있는데요. 에어비앤비는 숙소별로 '이것은 이래서 좋고 저것은 저래서 좋다'라고 얘기하기에 앞서 브랜드의 핵심경험을 전달하며 자신들이 제공하는 모든 숙소를 포괄합니다. 사람들이 에어비앤비를 통해 경험해야 하는 것은 단지 숙소가 좋다는 느낌이 아니라 어느 곳에서든 호텔에 머무는 것보다 에어비앤비를 이용하는 것이(이들이 제공하는 숙소에 머무는 것이) 더 좋은 여행 방법이라는 것입니다.

　이제 조금 이해가 되셨나요? 다품종 소량 생산뿐 아니라 소품종 대량 생산도 마찬가지입니다. 제품을 먼저 얘기하기보다는 이 제품의 브랜드가 어떤 경험을 줄 것인지를 먼저 정의해야 합니다. 그래야 제품의 라인이 늘어나거나 확장되어도 이 경험을 꾸준히 유지할 수 있습니다.

　반대로 이것이 없다면 제품마다 다른 메시지를 전달할 수밖에 없고, 그에 따른 커뮤니케이션 비용은 그때마다 계속 올라갈 수 있습니다. 더 큰 문제는 우리 브랜드만의 일관성을 유지할 수 없고, 사람들이 우리 브랜드를 찾아야 하는 이유를 제공할 수 없다는 것입니다.

QUESTION 06

아주 작은 중소기업이라면 브랜딩의 초기 활동 계획을 어떻게 세울 수 있을까요?

ID_do_something_more

ANSWER

　　브랜딩에서 조직의 규모는 크게 상관이 없습니다. 《핵심경험론》의 파트 1 '06. 브랜딩에 앞서 짚어야 하는 여섯 가지 질문'에서 제시한 질문들에 먼저 답을 해 보세요. 그리고 핵심경험을 정의하는 단계로 나아가야 합니다.

브랜딩을 할 때 숫자(성과)에 집착하면 좋지 않은 이유는 무엇인가요?

ID_langzabu

모든 활동에는 직접적이든 간접적이든 숫자가 따라오기 마련입니다. 숫자는 우리의 활동이 고객의 어떤 반응을 불러왔는지를 보여주는 단적인 지표죠. 브랜딩에서도 마찬가지입니다. 어떤 브랜딩 활동을 하든 숫자는 따라올 수밖에 없습니다. 고객을 대상으로 하는 것이니 활동에 따른 고객의 움직임과 반응이 수치로 표시될 수밖에 없죠. 하지만 브랜딩을 집행하는 부서에서 숫자에 지나치게 집착하면 문제가 발생할 수 있습니다.

제 경험담을 하나 말씀 드릴게요. 과거에 29CM의 브랜딩을 할 때 이벤트 하나를 진행했습니다. 앱을 다운로드하면 그중 한 명을 선정하여 차 한 대를 주는 이벤트였어요. 진행하는 방식도 색다르게 기획했죠.

우선 단 한 명에게만 차를 주는 이벤트 자체가 당시로서는 매우 신선했습니다. 보통은 많은 사람에게 스타벅스 커피를 주잖아요. (이는 그때나 지금이나 마찬가지이긴 합니다) 그런 이벤트로는 다른 곳과 차별화를 할 수 없겠죠. 그래서 자동차 경품 이벤트를 떠올린 것입니다. 경품으로 선정한 차 역시 특별한 과정을 거쳤습니다. 미니쿠퍼를 한 대 구매한 뒤, 그것을 29CM 스타일로 전부 커스터마이징했어요(이 이벤트는 제 첫 책인 《그래서 브랜딩이 필요합니다》에서 자세히 소개했으니 이벤트 과정 전반에 대한 설명은 생략하겠습니다).

이 이벤트는 큰 화제를 불러 모았습니다. 당시에는 볼 수 없었던 신선한 방식의 이벤트였으니까요. 결론적으로 이 이벤트는 1억 원의 예산(차의 가격을 포함해서)을 들여 10만 명의 앱 다운로드 수를 만들어냈습니다. 좋은 결과였죠.

하지만 이 이벤트가 성공적이라고 보는 이유는 단지 수치적 지표 때문만이 아닙니다. 이 이벤트를 통해서 수많은 사람이 29CM라는 브랜드를 알게 되는 계기를 만들었고, 남들과는 차별화된 방식으로 진행된 이 이벤트는 당시 수많은 바이럴을 만들어냈습니다.

저희가 판단하기로는 이벤트에 참여하지 않지만 여기에 긍정적인 반응을 보인 고객(잠재 고객)도 상당했습니다. 아직도 이 이벤트를 기억하고 자신도 이를 통해서 29CM를 알게 됐다고 하는 분을 만날 정도입니다. 이 이벤트는 29CM를 굉장히 신선한 이미지의 브랜드로 만드는 데 크게 기여한 거죠.

하지만 문제는 그다음에 발생했습니다. 앞서 얘기한 대로 이 이벤트의 성공은 단지 수치적 지표가 아님에도 제가 판단 착오를 하나 했는데요. 바로 다음에 진행할 이벤트의 목표(결과치)를 오직 숫자로만 잡은 것입니다. 단지 숫자만을 목표로 잡으면 그 수치를 달성하기 위해서 어떤 것이라도 해야 합니다. 그것이 저를 평가하는 기준이 되기 때문입니다. 우리의 브랜드 이미지보다 중요한 게 수치의 달성이 되어버린 것이죠.

당시에 이런 마음이었는지 저도 그 숫자를 달성하기 위해 앞선 이벤트에서 보여줬던 남들과 다른 29CM만의 새로움을 택하기보다는 결국 누구나 할 법한 뻔한 이벤트(예를 들어 많은 사람에게 커피를 제공하는 이벤트)를 진행했죠. 그리고 처참히 실패했습니다. 하지만 이는 그리 중요하지 않았습니다. 그보다는 이런 평범한 이벤트를 진행하자 우리가 그동안 만들어온 차별화된 브랜드의 이미지가 크게 반감된 것이었죠. 즉 29CM답지 않은 방식이었다는 것입니다.

여기서 저는 큰 깨달음을 얻었습니다. 브랜딩에서 정말 중요한 점은 우리가 만들어가야 할 방향을 명확히 하고 그것을 더 단단히 하는 것이지 단기적 숫자 달성이 목표가 되면 안 된다는 사실을요.

그럼 이제 질문으로 돌아가 봅시다. 브랜딩을 할 때 숫자에 집착하면 좋지 않은 이유는 무엇일까요? 간단히 말해 숫자가 무조건 옳은 방향을 얘기하지는 않기 때문입니다.

브랜딩의 성과는 숫자의 달성보다는 어떻게 우리 브랜드만의 기능적·감성적 핵심경험, 즉 우리 브랜드다운 모습을 고객들에게 잘 전달할지입니다. 여기에 만족할 만한 수치가 따라오면 더 의미 있겠죠. 하지만 수치를 달성하기 위해 우리 브랜드다운 모습을 포기하는 것은 결과적으로 실패한 브랜딩이라고 생각합니다. 그러니 숫자에만 너무 집착하지 마시기 바랍니다.

1인 기업을 운영하면서 가장 중요하게 생각해야 할 것은 무엇인가요?

ID_heeeeuu

이는 명확합니다. 모든 것을 떠나서 가장 중요하게 생각해야 하는 것은 바로 기업의 생존입니다. 살아남기 위해서 다양한 비즈니스 전략과 방식을 고려해야 하고, 그 안에 브랜딩 전략도 포함해야 합니다.

돈도 없고 인력도 부족한 스몰 브랜드지만 제품 하나는 자신 있다면, 어떤 브랜딩 전략을 쓰는 게 좋을까요?

ID_sanghyun.kim.92505

사실 제품이 아무리 좋아도 단지 '우리 제품이 더 좋다'고 외치는 것은 그리 좋은 브랜딩 방식이 아니라고 생각합니다. 그보다는 우리 제품을 통해서 사람들이 어떤 가치를 얻을 수 있을지를 먼저 고민해보면 좋겠습니다. 왜 사람들이 여러분의 브랜드를 사용해야 하나요? 여러분의 브랜드가 세상에 없다면 사람들이 가장 불편해할 점은 무엇인가요? 먼저 이 점들을 생각해보고 그 안에서 우리 브랜드만의 기능적 핵심경험을 도출해보시기 바랍니다. 우리의 어떤 부분을 고객에게 전달해야 하는지를 말이죠.

그리고 그것을 통해서 고객들이 우리 브랜드에서만 얻을 수 있는 가치를 도출해보세요. 경쟁사와 비교했을 때 다양한 부분이 좋을지 몰라도 그중 하나를 뽑아서 이를 중심으로 메시지를 만들어보는 거예요. 단순히 '우리 제품이 좋다'가 아니라 '우리 제품은 경쟁사와는 다른 경험을 전달할 수 있고 그것이 가능한 이유는 우리 제품이 이렇게 다르기 때문이다'라고 말이죠.

그다음에는 이 메시지를 어떻게 알릴지가 중요한데요. 돈도 인력도 부족하다면 무조건 남들과 다른 방식을 고민해야 합니다. 차별화는 우리를 한 번이라도 더 보게 하는 효과가 있기 때문입니다. 기존의 플레이어들이 어떻게 광고를 하고 있는지, 어떤 메시지를 쓰고 있는지, 상세 페이지에서 제품을 어떻게 소개하고 있는지를 살펴보고 그와는 다른 방식을 선택하여 제품을 알리려는 노력을 해보시기 바랍니다.

《핵심경험론》에서 소개한 '희녹'처럼 기존의 시장에서 아예 새로운 브랜드 포지션을 설정하고 그것을 중심으로 커뮤니케이션하는 것도 우리 브랜드를 경쟁사들과 차별화하는 좋은 방법이 될 수 있습니다.

새로운 제품을 론칭하려고 합니다. 기업의 헤리티지를 이어가는 게 정답일까요?

ID___perry0116

이는 기업이 처한 상황이 무엇인지에 따라 다를 수 있는 데요. 우선 기업의 헤리티지가 어떤 역할을 하고 있는지 점검할 필요가 있습니다. 헤리티지가 브랜드의 강한 정체성을 대변하고 있나요? 지금껏 기업이 쌓아온 헤리티지를 브랜드 관점에서 잘 활용할 수 있나요? 이미 브랜드가 보유한 헤리티지에 강한 충성심을 가진 고객들이 존재하나요? 그렇다면 이 헤리티지를 새로운 제품에도 적용하는 게 좋을지 모릅니다. 기존의 헤리티지를 새로운 제품으로 더욱 강화한다는 측면에서 말이죠. 이럴 경우 이 헤리티지야말로 브랜드의 핵심경험이 될 수 있고요.

하지만 그렇지 않다면 다음과 같이 생각해볼 수 있습니다. 기업의 헤리티지가 현재 우리 브랜드의 정체성을 대변하지 않는다고 하더라도 우리 브랜드만의 정체성을 담을 만한가요? 그것이 시장에서 남들이 가지지 않은 우리만의 강점으로 작용할 수 있나요? 즉, 이것을 우리 브랜드의 핵심경험으로 연결 지을 수 있을까요? 그것이 고객에게 신뢰감을 줄 수 있는 요소인가요? 기존의 제품과 새로운 제품이 헤리티지에 모두 묶일 수 있나요?

그렇다면 새로운 제품의 론칭과 함께 또는 그와 별도로 이 헤리티지를 중심으로 브랜딩을 하는 방법도 생각해볼 수 있습니다.

마지막으로 반대 관점에서 검토할 수도 있습니다. 기존의 헤리티지가 새로운 시장을 개척하는 데 방해가 되고 있지는 않나요? 헤리티지가 고객에게 신뢰를 주기보다는 올드한 이미지로 남아 있나요? 혹시 그것을 개선할 여지가 없나요? 우리 브랜드의 헤리티지가 남들과 우리를 구분 짓는 우리만의 무엇이라고 하기에는 시장에서 경쟁사들의 헤리티지가 더 우월한가요? 또는 시장에 헤리티지를 내세우는 다른 브랜드들이 이미 존재하나요?

이런 경우에는 헤리티지를 굳이 고수할 필요는 없을지도 모릅니다. 그보다는 우리 브랜드만이 전달할 수 있는 새로운 핵심경험을 정의하고 그것을 중심으로 제품을 브랜딩하는 방법이 더 효과적일 것입니다.

이처럼 기업의 헤리티지가 브랜딩에 어떤 역할을 할 수 있는지를 먼저 고려해보시기 바랍니다. 만약 역할이 제한적이거나 없다면, 헤리티지에 반드시 얽매일 필요는 없습니다. 가장 중요한 것은 우리만의 차별화 요소로 작용할 수 있는 무언가를 정의하는 일입니다.

브랜드 캠페인은 반드시
하는 게 좋을까요?

ID_zihyeonlee

캠페인은 특정 목표를 달성하기 위해 일련의 활동과 메시지를 전략적으로 기획하고 실행하는 과정을 의미하는데요. 이는 브랜드도 마찬가지입니다. 따라서 우리 브랜드의 가치와 철학을 중심으로 고객에게 전달하고자 하는 메시지 또는 브랜드의 슬로건을 도출했다면 브랜드 캠페인을 하시길 추천합니다.

캠페인은 브랜드가 가진 독창적인 가치와 남들과 다른 철학을 대중에게 알리는 도구이기도 합니다. 제품의 차별점을 강조하는 대신, 다른 부분에 초점을 맞춘 활동이죠. 브랜드가 단순히 물건을 파는 존재를 넘어 고객의 삶에 어떤 가치를 더하고, 어떤 변화를 이끌 수 있는지를 보여줄 수 있고요. 이것으로 경쟁사와 우리 브랜드를 구분 지을 수 있습니다.

나이키의 'Just do it'이나 에어비앤비의 '여행은 살아보는 거야'와 같은 캠페인이 그 예입니다. 나이키는 캠페인을 통해 우리 브랜드는 단지 물건을 파는 곳이 아니라 누구나 자신의 한계를 뛰어넘을 수 있는 자신감을 파는 곳이라는 메시지를 전달합니다.

에어비앤비는 어디서나 소속감을 느끼는 여행이라는 브랜드 철학을 바탕으로 단순히 숙소를 제공하는 곳이 아닌 고객이 현지에서 살아보는 경험을 제공하는 곳이라는 브랜드 포지셔닝을 강조합니다.

이처럼 브랜드 캠페인은 제품을 알리는 활동이 아니라 브랜드가 세상에 어떤 가치를 더하고, 고객과 어떤 연결을 만들고자 하는지를 설파하는 과정입니다. 스몰 브랜드건 빅 브랜드건, 제품 중심의 메시지를 넘어 철학과 가치를 중심으로 한 캠페인은 브랜드를 더욱 차별화하는 도구가 될 수 있습니다.

디렉터님 세미나를 듣고 책도 읽으며 열심히 브랜딩 공부를 하고 있는 마케터입니다. 실패한 브랜드 캠페인(예산 대비 예상 수치를 밑도는 캠페인)을 운영·관리 하는데 적절한 방법이 있을지 궁금합니다.

ID_vandal.10

브랜딩업에 오랫동안 종사하다 보니 여러 방면에서 저만의 기준이 생겼습니다. 그중 하나는 브랜드 캠페인 또는 브랜드 프로모션 등 브랜딩 활동의 성공 여부를 판단하는 기준인데요. 저는 예산 대비 예상 수치를 밑도는 것을 실패의 기준으로 삼지 않습니다.

그보다는 우리가 전달해야 하는 메시지나 우리가 만들고자 하는 이미지를 명확히 설정하지 않고 진행하는 이른바 '우왕좌왕 캠페인'이 실패한 캠페인이라고 생각합니다. 예산 대비 효율이 좋다고 하더라도 말이죠. 따라서 캠페인을 통해 어떤 메시지와 이미지를 고객에게 전달할지를 먼저 고민하는 것이 중요합니다. 그것이 명확하다면 설령 예산 대비 효율이 좋지 않다고 해도 일부 타깃에게는 우리가 의도한 대로 전달됐을 것이기 때문입니다.

　　브랜딩에서 중요한 요소 중 하나는 일관성과 지속성입니다. 우리가 우리의 모습을 일관되게 전달하지 않으면 소비자에게 우리가 심고자 하는 인상과 기억을 만들지 못할 수 있습니다. 그렇다면 아무리 좋은 효율도 큰 소용이 없다는 것이 저의 판단이고요. 일관적이고 지속적인 브랜딩을 위해서는 무엇이 필요할까요? 당연히 그 일관된 모습에 대한 정의가 필요합니다. 또한 그것을 다양한 방법으로 그리고 지속적으로 고객에게 전달하는 게 중요하고요.

　　만약 우리만의 명확한 메시지를 뽑고 캠페인을 진행했는데 효율이 좋지 않다면 어떻게 해야 할까요? 이는 캠페인을 전달하는 방식이 매력적이지 않았을 확률이 높습니다. 이럴 땐 다른 시도를 해야 합니다. 하지만 앞선 질문에서 말씀드렸던 것처럼 캠페인 하나의 효율과 수치에 너무 연연하지 말아야 한다는 점을 기억하기 바랍니다. 효율에만 연연하면 숫자에 매몰되기 쉽고, 그러면 일관성을 유지하기가 더 어려워지기 때문입니다.

**브랜딩에 성공한 브랜드의 시작은
그러지 못한 브랜드와 무엇이 달랐을까요?
여의도 더현대에서 인파가 가득한
'런던베이글뮤지엄(이하 런베뮤)'을 보고
궁금해졌습니다. 베이글은 어디에나 있고,
런베뮤의 유명한 '대파크림치즈'는
심지어 같은 층 다른 베이커리 가게에도
있습니다. 왜 사람들은 런베뮤에
반응할까요? 그 시작은 여타 베이글
가게의 브랜딩과 무엇이 달랐던 걸까요?**

ID_jiiiiing

고백하자면 저는 아직 런베뮤를 방문해본 적이 없어서, 제가 함부로 무엇이라고 판단하기는 어렵습니다. 그럼에도 조심스럽게 평소 제가 가진 생각을 말씀드리겠습니다. 먼저 질문을 하나 드릴게요. 과거에 베이글이라는 카테고리만으로 그 정도 규모의 매장을 운영하는 곳이 몇 곳이나 있었나요?

말씀하신 대로, 베이글은 다양한 베이커리에서 판매합니다. 하지만 그들이 판매하는 수많은 빵 중에 베이글이 포함돼 있을 뿐이죠. 런베뮤는 오직 베이글이라는 하나의 카테고리에 집중하고, 이것에서 파생된 다양한 메뉴를 전개합니다. 어찌 보면 브랜드의 포지셔닝 자체를 베이커리 카페가 아닌 베이글 전문점(또는 베이글 카페)으로 바꾼 것이죠. 방문한 적은 없지만 매장의 이미지만 봐도 다양한 색깔과 맛의 베이글이 가득하잖아요. 베이글이라는 단일 품종(?)을 이처럼 다양하게 전개하는 베이커리 브랜드는 국내에서 찾아보기 힘든 것 같습니다.

　　그래서 베이글이란 단어를 접했을 때 자연스럽게 떠올릴 수 있는 하나의 브랜드가 됐죠. 물론 런베뮤가 사람들의 관심을 받고 나서 베이글 전문점이 많이 생겼습니다. 그런데도 아직까지 베이글이란 단어를 대표하는 매장은 런베뮤일 것입니다. 이것이 제가 《핵심경험론》에서 얘기하고 있는 기능적 핵심경험과의 연결되는 지점일지도 모릅니다.

　　이제 감성적 핵심경험을 한번 보겠습니다. 물론 런던에서 베이글을 공수해 오는 것은 아니지만 매장 콘셉트의 키워드를 런던으로 삼고, 마치 런던의 베이커리 가게처럼 사실적으로 잘 꾸며놓았어요. 이국적인 느낌이 물씬 풍기죠. 저는 과거 1년 동안 런던에 거주한 적이 있는데요. 런베뮤의 매장을 사진으로 보고 런던의 느낌과 정취를 잘 담아놓았다고 생각했습니다. 감성적으로 보통 베이커리와는 확실히 차별화되는 그들만의 느낌과 이미지를 잘 만들어냈다고 봅니다.

어찌 보면 이 두 가지 중 한 가지만 빠져도 브랜드의 개성이나 차별성이 확 줄어들 수도 있을 것 같은데요. 이 두 가지를 동시에 잘 전개하니 남들과 자신을 구분 짓는 런베뮤만의 가치가 만들어진 것이겠죠. 그러니 입소문을 타고 지금의 런베뮤가 되지 않았나 생각을 해봅니다. 어느새 '런던의 베이글'이라는 대표성을 띄고 사람들의 기억에 각인되었으니, 런베뮤 본점뿐 아니라 백화점 팝업스토어에도 사람들이 몰리는 것이라 생각합니다.

퍼스널 브랜딩을 할 때 가장 중요하게 생각해야 할 요소는 무엇인가요?

ID_jiyeonnnn____

퍼스널 브랜딩은 브랜딩의 대상이 기업이 아닌 나 자신에게 향한다는 것을 제외하면 기업의 브랜딩과 큰 틀에서는 동일하다고 생각합니다.

나만의 핵심경험은 무엇인가요? 나는 남들보다 무엇을 잘하고 나라는 사람의 이미지는 주변에 어떻게 각인되어야 할까요? 이런 질문에 대한 답을 가장 먼저 생각해보시기 바랍니다. 그리고 어느 정도 방향이 나왔다면, 그것을 지속적으로 보여주고 증명해나가기 위해 나는 어떤 것들을 해야 하는지를 고민해보세요.

디렉터님은 자신도 잘 브랜딩하는 것 같습니다. 사진, 외모, 개성 있는 패션 등을 통해 대략적인 이미지도 연상됩니다. 이제 1인 브랜딩 시대라 우리 모두 디렉터님처럼 잘 브랜딩해야 하는데, 혹시 비결이 있으신가요?

ID_jinkoo_tinkoo

개인의 브랜딩도 핵심경험을 대입해서 생각해보면 좋을 것 같습니다. 내가 가장 잘하고 또 나를 대변할 수 있는 이미지로는 무엇이 있을지를 먼저 생각해보세요. 내가 가장 잘하는 나만의 장점은 무엇일까요? 사람마다 다르겠지만, 저는 일을 빼놓고는 강점을 얘기하기가 무척이나 힘들 것 같습니다. 좋든 싫든 제가 20년 넘게 해온 일이기 때문이죠.

그렇다면 제 기능적 핵심경험을 더 부각하는 길은 저의 일에서 의미 있는 결과들을 많이 만드는 것 외에는 없다고 생각합니다. 좋은 결과를 만드는 것이 궁극적으로 저의 강점을 더 키우는 길일 테니 말이죠. 제가 브랜딩과 관련된 강연을 하고 책과 글을 쓰는 것 역시 그 연장선에서의 일이고요. 이렇게 저만의 기능적 핵심경험을 더 강화하는 것이 브랜딩의 한 가지 방법입니다.

두 번째는 감성적 핵심경험의 정의입니다. 어떤 감성과 이미지로 남들과 구분되는 저만의 무언가를 만들 수 있을까요? 어쩌면 그것이 질문에서 언급하신 저만의 개성 있는 패션일 수도 있겠네요.

하지만 솔직히 얘기하자면 저는 저만의 감성적 핵심경험을 만들기 위해서 패션에 신경을 쓰는 것은 아닙니다. 그냥 제가 패션에 관심이 많고 좋아하기 때문이죠. 그렇기에 기업의 브랜딩과 비교할 때 개인의 브랜딩에서 가장 중요한 것은 오히려 기능적 핵심경험, 즉 저만의 강점을 잘 어필하는 것일 수도 있겠습니다.

브랜딩을 진행할 때 조직의 의사결정 방식이 궁금합니다. 톱다운 의사결정과 보텀업 의사결정 중에서 경험적으로 어떤 게 더 좋다고 생각하세요?

ID_yaejinyu

제가 생각하는 브랜딩은 합의가 아닌 선언에 가깝습니다. 즉 모두의 합의를 통해 브랜딩의 방향을 결정하기보다는 우리 브랜딩의 방향성이 무엇인지 정의하고 그것을 밀고 나가는 게 중요하죠.

이유는 이렇습니다. 제 경험상 합의를 하는 과정에서는 뾰족한 무언가를 도출하기가 쉽지 않습니다. 생각과 의견이 저마다 다를 수 있기 때문입니다. 그렇다면 이 사람의 의견도 담고 저 사람의 의견도 담아야 하죠. 그러다 보면 타협이 이루어질 수밖에 없고 평범한 방향으로 설정이 되더라고요. 누구는 진보적인 방향을 원하고 누구는 리스크를 최대한 피해 보수적인 방향으로 가기를 원하기도 하고요. 결국 방향이 두리 뭉실해질 수밖에 없죠. 방향이 두리뭉실해지면 고객에게 우리 브랜드를 어필할 기회는 그만큼 줄어듭니다. 그래서 브랜딩은 합의보다는 선언을 하고 그것을 향해 달려가는 것이 더 좋다고 생각합니다.

선언이라고 하면 보통 보텀업 방식보다는 톱다운 방식에 더 가깝겠죠. 누군가는 최종적으로 우리가 나아가야 할 방향은 이것이라고 정의해줘야 하는 겁니다. 물론 구성원들과 다양한 얘기를 나누면서 찾아가는 과정도 필요하겠지만 결국엔 결정을 해야 합니다.

이때 브랜딩을 이끄는 리더나 대표의 역할이 크죠. 그래서 브랜딩을 진행할 때는 우리가 나아가야 할 방향의 설정은 톱다운 방식이 좋다고 생각합니다. 이렇게 브랜드의 방향성을 설정한 후 그것을 어떻게, 어떤 방식으로 고객에게 전달할지에 대한 고민을 하게 되는데요. 이때는 보텀업 방식으로 진행하는 것이 더 이상적인 절차인 것 같습니다.

결론적으로 말씀드리면 톱다운 방식은 브랜딩의 전략적 큰 그림을 설정하는 데, 보텀업 방식은 실행 단계에서 현실적이고 창의적인 해결책을 도출하는 데 더 적절합니다. 브랜딩은 보통 외부 고객을 향하지만, 그것을 위해서는 내부에서 우리의 방향성을 명확히 해야합니다. 따라서 톱다운 방식으로 방향성을 명확히 잡고, 보텀업 방식으로 실행력을 높이는 균형 있는 접근이 필요합니다.

QUESTION 17

기업 또는 조직이 커질수록 태생적 배경, 차별점 등을 일관되게 유지하기가 쉽지 않습니다. 많은 직원이 일관된 메시지(일관된 톤앤매너)를 전달할 수 있게 하는 장치에는 무엇이 있을까요?

ID_hyo_daeng._.2

ANSWER

저도 몸소 경험한 문제입니다. 기업이 성장하고 직원이 늘어날수록 브랜드의 일관된 메시지를 전달하는 것은 정말 쉽지 않습니다. 하지만 이는 어떻게든 해결해야 하는 중요한 문제예요. 여러 직원이 고객과 커뮤니케이션하더라도 고객에게는 우리가 하는 모든 활동, 모든 메시지가 동일하게 보여야 하기 때문입니다. 직원은 각기 다른 사람이지만 브랜드는 결국 한 사람처럼 보여야 한다는 얘기죠. 또한 이는 우리가 전달하고자 하는 핵심경험의 일관성과도 직접적으로 연결되어 있습니다.

저도 이것을 해결하는 데 많은 노력을 기울였습니다. 제가 진행한 것 중 하나는 브랜드 가이드북을 제작하는 일이었습니다. 직원이 많아지면 한 명 한 명에게 브랜드에 대해 일일이 얘기하기에는 한계가 있기 때문이죠. 그래서 가능한 한 구체적으로 우리 브랜드를 이해할 수 있도록 그것을 문서화했는데요. 여기에는 다음과 같은 내용을 담았습니다.

첫째로는 우리 브랜드다운 모습은 무엇인지를 정의했습니다. 이는 그간 우리 브랜드가 해온 다양한 활동을 근간으로 우리 브랜드다운 모습을 정의하는 일입니다. 그리고 이를 다시금 숙지하고 자신의 결과물에도 이 모습을 담아야 함을 강조한 것입니다. 물론 여기에는 우리가 고객에게 반드시 전달해야 하는 핵심경험이 포함되어야 하죠.

두 번째는 텔링 가이드입니다. 즉 우리 브랜드만의 목소리를 정의하는 것인데요. 고객 커뮤니케이션을 할 때 우리 브랜드와 어울리는 문장, 혹은 반대로 어울리지 않는 어투와 표현 등을 골라 상세하게 정리했습니다. 이를 통해서 우리 브랜드만의 일관된 톤앤매너를 정의할 수 있죠.

이것은 정말 중요한데요. 핵심경험을 전달하는 과정에서 어떤 고객을 접하건 간에 우리만의 통일된 문체가 있어야 하기 때문입니다. 앞서 얘기한 대로 고객이 우리의 브랜드를 한 명의 인물로 인식해야 하기 때문이죠.

    그렇다면 이 인물은 누구일까요? 이를 위해 브랜드 가이드 문서에 세 번째로 담은 내용은 우리 브랜드를 의인화하면 어떤 사람인지를 그려보는 브랜드 페르소나의 정의입니다. 이 역시 굉장히 구체적으로 그 모습을 나열했는데요. 우리 브랜드는 이런 성격과 성향, 그리고 이런 것을 좋아하는 사람이라고 정리하는 것이죠. 이를 통해 우리 브랜드의 스타일과 모습은 어떨지를 상세히 그려볼 수 있습니다.

    마지막으로, 우리의 고객은 어떤 사람인지를 정의했습니다. 이 역시 브랜드 페르소나와 마찬가지로 우리의 고객들은 어떤 것들을 좋아하는지, 주로 주말에는 어디를 방문하는지, 취미는 무엇인지, 어떤 성향과 라이프 스타일을 가지고 있는지를 구체적으로 정의했습니다. 이 내용은 우리 고객을 대상으로 어떻게 브랜딩 전략을 짜야 하는지, 이들을 어떻게 우리의 팬으로 만들 수 있을지를 생각해보는 데 많은 도움이 됩니다.

    이렇게 우리 브랜드만의 정체성을 문서로 정리하고 이것을 직원들이 언제든 필요할 때 꺼내 볼 수 있도록 책으로 제작했습니다.

여기서 가장 중요한 것은 그 모습을 얼마나 구체적이고 명확하게 정의하는지입니다. 모호한 부분이 있다면 다시 점검하며 뾰족하게 다듬어야 하죠. 그래야 이 문서가 잘 작동할 수 있습니다. 가이드만으로는 부족하다면 이를 기준으로 직원들을 교육하는 일도 반드시 필요하고요.

그리고 그것을 점검하는 과정도 거쳐야 합니다. 여기에는 브랜드에서 발행하는 다양한 결과물을 정기적으로 검토하고 피드백하는 과정도 포함됩니다. 이처럼 브랜드다운 모습이 무엇인지 정확히 정의하고, 이를 일관되게 유지하려는 노력이 브랜드의 핵심경험을 강화하고 고객의 신뢰를 받는 기반이 됩니다.

브랜딩을 위해 이것만큼은 하지 않는 게 좋다고 할 만한 것이 있나요?

ID_**hyo_hoony**

바로 '모든 사람을 만족시키려 하지 말자'입니다. 이는 고객뿐만 아니라 회사 내부의 구성원에게도 해당하는 이야기입니다. 이유는 의외로 간단한데요. 모든 사람을 만족시키려는 시도는 브랜드의 정체성과 방향성을 흐리게 하기 때문입니다.

브랜드는 특정 고객층을 타깃으로 명확한 가치를 전달해야 합니다. 하지만 모든 고객을 만족시키려는 시도는 브랜드의 메시지를 모호하게 해서 누구에게도 강한 인상을 남기지 못하게 되죠. 예를 들어 10대 여성을 타깃으로 하는 의류 브랜드가 20~30대까지 아우르려 한다면 어떻게 될까요? 결국 양쪽 고객층 모두에게 어필하지 못하고 브랜드의 정체성이 흐려질 수 있습니다. 이유는 여러 가지인데요. 그중 중요한 한

가지는 기업의 인력과 자원이 한정되어 있기 때문입니다. 그러니 한쪽에 모든 인력과 자원을 집중해서 승부를 봐야 하죠.

강력한 브랜드일수록 자신만의 색깔을 가지고 특정 고객에게 집중하는 성향이 강합니다. 애플이 고가 정책과 독특한 사용자 경험을 고수하는 이유도 여기에 있다고 생각하는데요. 그 과정에서 일부 고객은 애플을 선택하지 않지만, 브랜드에 공감하는 팬층은 더욱 단단해집니다.

따라서 모두의 니즈를 충족하려는 것보다 타깃 고객을 명확히 설정하고 그들에게 독보적인 경험을 제공하는 것이 훨씬 중요합니다. 브랜드가 타깃을 좁히고 명확한 메시지를 전달할 때 비로소 진정한 팬층이 형성될 수 있습니다.

앞서 언급한 것처럼 조직 내부에서도 모든 구성원을 만족시키려는 시도는 제 경험상 오히려 많은 혼란을 불러일으켰습니다. 이견을 조율하고 모두에게 맞추려다 보니 브랜드만의 개성과 차별점이 흐려지고, 브랜드의 방향성 역시 흔들렸기 때문입니다. 브랜딩 전략이나 캠페인 방향을 결정할 때 모든 구성원의 의견을 반영하려고 하면, 날카롭고 뾰족해야 할 브랜드 메시지가 평범해지고 힘을 잃게 됩니다.

또한 리더가 조직의 모든 사람을 만족시키려는 리더십을 발휘하면, 강력한 비전과 일관된 목표를 전달하기가 어려워집니다. 이럴 때 가장 중요한 것은 브랜드의 핵심경험과 방향을 명확히 선언하고, 이에 공감하는 구성원과 함께 나아가는 것입니다. 조직의 비전에 공감하지 못하는 사람은 이탈할 수도 있지만, 이는 오히려 브랜드의 결속력과 정체성을 더욱 견고하게 할 수 있죠.

브랜드가 모든 사람에게 좋은 브랜드가 되려고 하면 정체성이 약해질 수밖에 없습니다. 하지만 특정 타깃에 집중하면, 브랜드의 정체성이 명확해지고 강력한 팬층이 형성됩니다. 내부적으로도 브랜드의 방향성에 공감하는 사람들이 모여야 조직이 더욱 건강하게 성장할 수 있고요. 이 점을 반드시 기억하시면 좋겠습니다.

핵심경험을 정했다고 해도 그 내용을 구성원 모두가 공감하고 따르는 것은 다른 일이라고 생각하는데요. 구성원들을 한 방향으로 움직일 수 있게 하는 힘, 나름의 설득 팁 같은 것이 있나요?

ID_morge_nmond

여기서 구성원은 두 가지로 나눌 수 있는데요. 하나는 회사 전체의 구성원이고 또 하나는 브랜딩을 진행하는 부서의 구성원입니다.

첫 번째 그룹이 따르게 하려면 우선 자신에 대한 신뢰와 믿음을 구축해야 합니다. 내가 일을 진행하는 데 구성원들의 기본적인 신뢰가 있어야 한다는 얘기죠. 신뢰를 쌓으려면 어떻게 해야 할까요? 냉정하게 들릴지 모르지만, 회사 내에서 자기를 증명하는 것밖에는 없다고 생각합니다.

무엇이 됐건 좋은 결과들을 만들어내서 나에 대한 구성원의 신뢰를 얻어야 한다는 것이죠. 그러기 위해 우선 작은 것부터 시작하시길 권합니다. 큰 예산과 시간을 들여 진행하는 일에는 회사의 관심은 물론 구성원의 우려와 의심도 커지기 때문입니다. 작은 것부터 시작해서 그 안에서 성과들을 만들고 구성원들과 공유해보세요. 이를 통해 신뢰와 믿음을 조금씩 쌓아가는 것이 좋습니다. 그래야 브랜딩 활동의 스케일을 점점 키우면서도 구성원들의 공감을 얻을 수 있을 겁니다.

두 번째 그룹은 브랜딩을 진행하는 부서의 구성원들인데요. 이들을 따르게 하는 동력에는 여러 가지가 있겠지만, 저는 다음과 같은 방식을 사용합니다. 성공적인 브랜딩을 진행해서 우리 모두의 포트폴리오에 멋진 이력을 만들어보자고 말하죠.

사실 이들 역시 직장인입니다. 그렇기에 성공적인 포트폴리오는 반드시 필요하죠. 자신만의 성과가 있어야(지금의 회사뿐만 아니라 어디서든) 인정받을 수 있으니까요. 브랜딩 부서 구성원들은 이렇게 설득하면서 힘을 합치도록 이끕니다. 누구도 부정할 수 없는 사실이니까요. 그러면 모두가 최고의 결과물을 위해서 최선을 다할 수 있습니다. 설령 결과가 그리 좋지 않더라도 다음의 성공을 더 갈망하게 되죠.

전문가로서 좋아하는 브랜드가 있으신가요? 만약 있다면, 좋아하는 이유는 무엇인가요?

ID_kimckmk

저는 좋아하는 브랜드라면 단지 감정적으로 좋아만 하는 것이 아니고, 그 브랜드의 제품을 많이 가지고 있어야 한다고 생각합니다. 이게 진짜 좋아하는 것이죠. 그 브랜드를 소유하고 싶다는 욕망이 그만큼 많을 테니까요.

이 기준에서 말씀드리면 저는 프라이탁이라는 가방 브랜드를 정말 좋아합니다. 이미 보유한 프라이탁 가방만 상당수죠. 심지어 그중 하나의 모델은 벌써 11년째 눈이 오나 비가 오나 매일 메고 다닙니다. 이 글을 쓰는 지금도 제 옆에 있고요. 제가 프라이탁을 좋아하는 이유는 여러 가지입니다.

첫 번째는 탄생 스토리가 굉장히 매력적이기 때문입니다. 이제는 너무 유명한 이야기가 되어서 많이들 아시겠지만,

이 브랜드는 스위스의 두 형제가 유럽을 돌아다니는 수많은 화물 트럭의 타프천(두툼한 방수천)을 수거해서 세탁하고 재단하여 직접 만든 가방에서 시작했습니다. 이 콘셉트나 제작 프로세스는 지금까지도 변함이 없고요. 그래서 같은 디자인이 단 하나도 존재하지 않습니다.

또한 두툼한 방수천으로 가방을 만드니 가방 자체도 매우 튼튼해요. 장마철에도 가방 안으로 빗물이 스며드는 일이 없습니다. 내구성이 매우 좋죠. 이런 브랜드를 제가 알고 또 좋아한다는 것 자체가 제 가치를 올리는 것 같다고 느낍니다.

지금은 많은 이들이 프라이탁을 메고 다니지만 제가 처음 프라이탁을 가지고 다닐 당시에는 이 브랜드를 아는 사람이 거의 없었습니다. 이것만으로도 이 브랜드를 가지고 다닌다는 것은 제 자부심을 높여주는 일이었어요. 친환경과 업사이클링을 추구하는 형제의 특별한 스토리에 기반한 스위스 브랜드를 내가 가지고 다닌다는 것 자체가 너무 좋았습니다(남들은 모르니 주변에 이 브랜드에 대해 소개해주기도 매우 좋습니다. 그리고 대부분 먼저 물어봅니다).

같은 디자인이 하나도 없다는 것도 큰 매력으로 다가왔고요. 이런 기억들이 저를 프라이탁이라는 브랜드에 아직까지 푹 빠져 있게 하는 것 같습니다. 그래서 하나둘 프라이탁을 모았던 것일 테고요.

저는 여전히 프라이탁을 메고 다닙니다. 저에게는 멋진 가방 하면 떠오르는 대표적인 브랜드가 됐죠. 이를 핵심경험에 대입해서 생각해볼까요? 디자인이 모두 다른 튼튼한 내구성의 업사이클링 가방은 기능적 핵심경험이고, 그들의 스토리에 기반한 저만의 감정과 자부심은 이 브랜드가 가지고 있는 감성적 핵심경험이라고 얘기할 수 있겠습니다.

QUESTION 21

제가 살아가고 싶은 삶의 방식, 가치관이 담긴 브랜드와 대중이 좋아하는 브랜드 사이에서 고민하고 있습니다. 내가 좋아서 하는 일과 대중을 위한 일 사이에서 거리를 좁힐 방법이 있을까요?

ID_mango

ANSWER

　사실 이 둘 사이에서 어느 쪽이 정답이라고 말하기는 어렵습니다. 그렇다면 먼저 내가 어떤 브랜드를 만들고 싶은지에 더 집중하셨으면 좋겠습니다. 단지 당장의 매출만을 목적으로 한다면 분명 지금의 대중이 좋아하는 브랜드를 만드는 것이 빠를 수 있습니다. 하지만 그럴 때 결정적인 문제가 있는데요. 바로 대중이 좋아하는 것은 늘 바뀐다는 점입니다. 그들의 관심은 늘 다른 곳으로, 새로운 곳으로 이동하죠. 그만큼 항상 새로운 것들이 시장에 쏟아져 나오기도 하고요.

　예전에 뜬다는 제품이나 카테고리가 지금도 여전히 인기

가 좋은지를 한번 점검해보세요. 아마도 지금까지 인기 있는 예는 극히 드물 것입니다. 금방 떴다가 또 금방 시듭니다. 따라서 이 방식을 택한다면, 오래갈 수 있는 브랜드를 만드는 데서는 더 멀어질 수도 있다는 얘기죠.

자동차의 왕 헨리 포드는 이런 말을 했다고 알려져 있습니다. 사람들은 자동차가 나오기 전까지는 늘 더 빠른 말을 원했을 것이라고요. 시사점은 무엇일까요? 간단합니다. 사람들의 니즈는 어느 테두리 안에서 정의됩니다. 그것을 깨는 새로운 카테고리가 나오기 전까지는 다른 무언가를 생각하지 못한다는 것이죠.

처음 아이폰이 나왔을 때를 되돌아보세요. 아마 빠르게 이해가 될 겁니다. 이 포인트에서 제가 말씀드리고 싶은 부분은 이런 것입니다. 대중의 생각을 뛰어넘는 새로운 가치를 보여주는 브랜드라면 그것을 좋아해주고 응원하는 사람들이 생길 수 있다는 점입니다. 단지 얼마나 많은 사람인지 아닌지가 다를 뿐이죠.

그렇다면 새로운 가치관을 제시하는 브랜드는 대중적인 브랜드가 아닐까요? 당장은 아닐 수 있지만 그 가치에 공감하고 동참하는 사람이 많아지면 어떻게 될까요? 점점 대중적으로 가지 않을까요?

그래서 내가 좋아서 하는 일과 대중을 위한 일 사이에서 거리를 좁히는 방법은 어쩌면 가장 내가 살아가고 싶은 삶의 방식과 가치관이 담긴 브랜드를 탄탄히 만드는 것일지도 모릅니다. 그 가치관이 뾰족하면 뾰족할수록 그 브랜드만의 개성과 차별점이 더욱 도드라지며, 그럴수록 그것에 마음을 움직이는 사람들이 분명 생길 테니 말입니다.

식음료 브랜딩 디자이너입니다.
일상생활에서 브랜딩 인사이트를 얻는
좋은 방법이 있을까요?

ID_river_____flows

글쎄요. 여러 방법론이 있을 수 있겠지만 제가 생각하는 가장 좋은 것은 일상생활의 모든 것을 브랜딩을 위한 영감의 소재로 바라보는 시각입니다. 우리는 매일 일상에서 많은 것을 직간접적으로 보고 듣고 경험하죠. 이런 모든 것을 우리 브랜드의 브랜딩을 위한 도구로 활용할 수 있습니다.

중요한 것은 그것을 활용하기 위한 자세인데요. 늘 머릿속에 내가 해결해야 할 브랜딩의 어젠다를 생각하면서 주변을 경험하는 것입니다. 저는 이것을 생각의 끈을 놓지 않는다고 말합니다. 즉 내가 해결해야 할 문제를 계속 머릿속에 담아두는 것인데요. 이 상태를 유지하면서 일상에서 다양한 경험을 하면, 그 경험에서 실마리가 발견되고 우리 브랜드에 적용해볼 수 있는 아이디어의 시작점을 종종 발견했습니다.

한 예로 오래전 29CM에서 진행했던 루시라는 앱 푸시 서비스가 있었는데요. 앱 푸시 메시지를 어떻게 바꿀지를 계속 머릿속에 담아두고 고민하다가 영화 〈그녀〉를 보고 그것을 풀어낼 실마리를 얻었습니다. 영화에 등장하는 사만다처럼 푸시 메시지 서비스에 '인격'을 입혀본 거예요.

성별, 나이, 외모 등 구체적인 페르소나를 설정하고 마치 한 명의 담당자가 메시지를 보내듯 푸시 메시지를 송출한 겁니다. 그 덕에 앱 푸시는 기존의 것보다 오픈율이 높아졌습니다. 게다가 기존 팬들의 팬심을 더 끌어올리기도 했고, 다양한 미디어에 소개되면서 '단순히 판매보다는 소비자와 교감하는 데 집중했다'라는 좋은 평도 받았습니다.

이런 자세를 유지한다는 가정하에 더 많은 인사이트를 얻기 위해서 우리는 무엇을 더 할 수 있을까요? 당연히 더욱 다양한 경험을 하는 것입니다. 저는 좋은 기획은 책상에서 만들어진다고 생각하지 않는데요. 그러니 책상 앞에서만 고민하지 말고 밖으로 나가시기 바랍니다. 더 많은 곳을 방문하고, 더 다양한 것을 보고 듣고 느낄 수 있는 곳으로 발걸음을 내디뎌보세요. 그 안에서 우리 브랜드에 적용할 수 있는 다양한 인사이트의 실마리를 발견하시길 바랍니다.

QUESTION 23

브랜딩이 기업의 이익을 위한 도구를 넘어 인간의 삶에 실질적인 가치를 더하는 역할을 할 수 있다고 생각하시나요? 그렇다면 그 역할은 무엇인가요?

ID_jamm.0.0

ANSWER

다시금 말씀드리자면, 제가 정의하는 브랜딩은 남들과 나를 구분 짓는 나만의 가치를 만드는 일입니다. 이를 기업 입장에서 생각해볼까요? 경쟁사와 자사의 제품(또는 브랜드)을 구분할 수 있는 우리 브랜드만의 무언가를 정의하고, 그것을 고객의 기억에 심는 행위라고 말할 수 있을 것입니다. 궁극적인 목적은 기업의 성장이겠죠.

하지만 개인적으로도 브랜딩이 의미 있다고 생각하는데요. 남들과 나를 구분 짓는 나만의 가치를 만드는 행위가 브랜드 입장이 아닌 고객 입장에서도 이루어질 수 있기 때문입니다. 어떤 이유에서든 사람들은 여러 브랜드 중에서 하나를 선택하죠. 이때 선택의 이유 중 하나는 이 브랜드를 통해서 나 자신을 차별화할 수 있다는 심리일 것입니다. 더 나아가 이 브랜드를 소유하고 사용하는 것이 나라는 사람을 대변하기도 하죠. 이 역시 남들과 나를 구분 짓는 나만의 가치를 만드는 행위인 것입니다.

《핵심경험론》에서는 에비앙을 구매하는 한 소비자의 이야기가 나오는데요. 이 소비자가 에비앙을 구매한 것은 에비앙의 물맛이 좋아서도 아니고 다른 생수 대비 가격이 저렴해서도 아닙니다. 에비앙을 마시는 자기 모습에서 부유한 사람이 된 듯한 기분을 느꼈기 때문이죠. 에비앙을 항상 들고 다녔던 이유는 이 브랜드를 통해서 남들과 나를 구분 짓는 나만의 가치를 표현하고 싶었기 때문일 것입니다.

연장선상에서 사람들이 명품을 좋아하는 것도 마찬가지입니다. 단지 제품의 질이 좋아서 비싼 가격을 내고 명품을 구매하는 사람은 아마 거의 없을 겁니다. 그보다는 명품을 들고 다니는 것 자체가 자신의 정체성을 나타내기도 하고, 나는 남들과 다른 존재로 비치고 싶다라는 욕망이 아마도 더 클 거예요. 명품 브랜드마다 추구하는 이미지가 다르기에 사람들은 그중 내가 닮고 싶은 이미지의 브랜드를 선택하고 소비하죠.

지금은 대중화된 스타벅스가 초창기 한국에 들어왔을 당

시를 한번 생각해보세요. 많은 사람 중에서도 특히 직장인들이 스타벅스를 테이크아웃해서 들고 다녔는데요. '스타벅스를 마시며 일하는 세련된 직장인'이라는 이미지가 있었던 것으로 기억합니다.

이 역시 나는 스타벅스를 마시는 사람이라는 이미지를 주변에 보여주고자 하는 심리적 이유가 분명히 있었습니다. 넓은 범위에서 본다면 제가 애플 제품을 쓰고 나이키 운동화를 꾸준히 모으는 이유, 그 외 특정 브랜드 제품을 구매하는 이유도 이와 비슷합니다.

질문에서 언급하신 대로 이것이 인간의 삶에 실질적인 가치를 더하는 역할인지 물으신다면, 그에 대한 답은 물론 아닐지도 모릅니다. 하지만 브랜딩이 기업의 이윤 추구라는 목적 이외에도 실질적으로 사람들이 자신의 가치와 존재감을 표현하는 도구로 작동할 수 있다는 것은 사실이죠. 저는 이 점을 말씀드리고 싶습니다.